高职旅游管理专业系列教材

国家骨干高职院校建设项目成果

旅游心理分析与应用

主 编 张海燕

西北工業大學出版社

【内容简介】 本书是依据旅游管理专业高职学生特点，使用工作过程系统化理念开发的一门专业核心课程教材。全书将心理学贯穿始终，分析旅游服务人员和游客在实施旅游活动时的心理变化，为旅游活动的顺利进行提供方法指导。全书内容的设置以学生操作为核心，设计从小范围到大范围，从简单到复杂的学习情境，搭建理论与实践一体化教学平台。实施以职业能力培养为目标、教学做一体化的教学模式，以切实提高学生的旅游服务能力，培养学生良好的从业心理素质。

本书可作为学校相关专业教学的参考书，也可作为从事旅游管理工作者理想的自学读物。

图书在版编目(CIP)数据

旅游心理分析与应用 / 张海燕主编. —西安：西北工业大学出版社，2015.2
ISBN 978-7-5612-4339-8

Ⅰ. ①旅… Ⅱ. ①张… Ⅲ. ①旅游心理学－高等职业教育－教材 Ⅳ. ①F590

中国版本图书馆CIP数据核字(2015)第045539号

出版发行： 西北工业大学出版社
通信地址： 西安市友谊西路127号　　邮编：710072
电　　话： (029) 88493844　88491757
网　　址： www.nwpup.com
印 刷 者： 陕西宝石兰印务有限公司
开　　本： 787 mm×1 092 mm　1/16
印　　张： 11
字　　数： 220千字
版　　次： 2015年4月第1版　　2015年4月第1次印刷
定　　价： 22.00元

前言 Preface

高等职业教育的任务主要是培养生产、管理和服务行业第一线的技能型人才，主要是培养学生的职业能力，即学生既要满足社会需求——求得生存，又要满足个性需求——求得发展，所以高等职业教育需要与时俱进地进行课程改革，而基于工作过程系统化理念的课程开发就是一种改革的方向。它以过程性知识为主、陈述性知识为辅，以实际应用的经验和策略为主、以适度够用的概念和原理为辅，按照工作过程来序化知识，将陈述性知识与过程性知识、理论知识与实践知识对应整合，以学生为中心，创建一个真实互动的情境性学习环境，让学生通过完成工作任务来形成直接经验进而掌握实际工作中所需要的知识、技能和技巧，从而达到培养学生职业能力的目的。

旅游心理分析与应用是旅游管理专业依据高职学生特点，采用工作过程系统化方法开发的一门专业核心课程。依据旅游服务工作的特点选取典型工作任务，以学生操作为核心，设计从小范围到大范围，从简单到复杂的学习情境，搭建理论与实践为一体的教学平台，实施以职业能力培养为目标，教、学、做一体化的教学模式，切实提高学生的旅游服务能力，培养学生良好的从业心理素质。这本《旅游心理分析与应用》教材，设计了四个学习情境，将旅游服务所需要的理论、知识、技能、素质拓展融为一体，对学生的职业能力训练进行精心设计，从而优化教学效果。

本教材具有以下几个特点：

一、以工作过程为对象设计教材

教材的学习情境设计以工作过程为考量因素，结合旅游服务的工作流程和学生的学习过程，将每个工作过程划分为四个环节：①任务布置；②知识链接；③计划、决策与实施；④评价、检查与反馈。学生通过真实的旅游服务工作过程体验，最终具备旅游服务工作的能力和良好的心理素质。

二、以学生操作为中心设计教材

学生在教师的引导下，以小组为单位，以学生自己操作为中心完成四个学习情境的工作和学习任务，学生通过明确任务、分配角色、明晰责任、合作成员、确立内容、选取形式、展示工作等一系列学习活动，逐步培养交流、沟通、分工、协作、团结等社会能力；通过信息的搜集、筛选、整合、加工、表现，培养学生的逻辑思维能力，不断提高其分析问题、解决问题的能力，从而提升学生自身的职业能力。

三、以良好的职业素质为标准评价学习效果

每一个学习情境都有明确的知识目标、能力目标和素质目标，在此基础上以服务能力为依据，设计学生的考核项目和考核标准，以过程性考核为考核思路，通过教师、学生、企业等不同考核主体来全面评价学生的学习效果。教材中考核内容设计了不同的表格，供参考，教师也可根据自己的实际情况调整考核内容和分值。

在教材编写过程中，参考和借鉴了诸多专家、学者们的相关著作和研究成果，同时也使用了许多网络上的材料，在此表示衷心的感谢。

由于水平有限，时间仓促，教材中难免出现疏漏和不当之处，敬请广大读者朋友批评指正。

张海燕

2014 年 10 月

目录 Contents

学习情境一

旅游服务人员心理认知与保健

学习情境分析

人们通常将"健康"理解为身体上没有疾病与缺陷,而忽略了心理是否健康。事实上,一个人如果心理上不健康,即使身体上没有疾病与缺陷,仍然不能算是一个健康的人。能正确地认识自己并接受自己是心理健康的标准之一。本学习情境以学习建立积极的自我认识和避免消极的自我认识,培养良好的心理品质和健全的人格为目标,引导学生完成知觉与自我认识,情绪、情感与自我控制,人格与健全人格的培养,挫折与心理调节四个工作过程,使学生掌握自我认识的方法,明确认识自我的意义,积极调整心理状态,保持健康的人格。

学习目标

知识目标:能准确地解释知觉、态度、情绪情感的内涵

能够说出人格的构成因素,人格的含义及特征

能力目标:掌握认识自我的方法

明确自我认识的意义和重要性

能够调节自己的负面情绪保持积极乐观的心理状态

素质目标:具备良好的心理素质、诚信品格和社会责任感

能进行客观的自我评价

具备踏实肯干的工作作风和主动、热情、耐心的服务意识

工作过程一　知觉、态度与自我认识

【任务布置】>>>

学习情景一	旅游服务人员心理认知与保健
工作过程一	知觉、态度与自我认识

续表

<table>
<tr><td>教师行为</td><td colspan="2">1. 引导学生明确工作任务及资讯问题，对学生进行随机分组，组成本工作过程的学习小组
2. 讲解知觉、态度的基本概念、要素，功能和作用，使学生明白自我认识的必要性，并引导学生运用科学的方法充分认识自己</td></tr>
<tr><td>学生行为</td><td colspan="2">在教师引导下，明确学习任务及要求，分组学习知识链接，查阅资料和文献，找出资讯问题的答案，初步掌握学习内容，能够利用所学知识完成实训项目</td></tr>
<tr><td>工作任务</td><td colspan="2">了解知觉、态度等心理学基础知识，掌握自我认识的方法，明确自我认识的功能和作用，认识到自我认识在现实生活中的意义</td></tr>
<tr><td rowspan="8">资讯</td><td rowspan="7">资讯问题</td><td>1. 什么是感觉</td></tr>
<tr><td>2. 什么是知觉</td></tr>
<tr><td>3. 感觉和知觉一样吗？如果不一样，它们有什么区别</td></tr>
<tr><td>4. 什么是态度</td></tr>
<tr><td>5. 你对自己了解吗</td></tr>
<tr><td>6. 简述自我认识的方法</td></tr>
<tr><td>7. 明确自我认识的意义</td></tr>
<tr><td>资讯引导</td><td>以上资讯问题请查阅本书知识链接，同时参考以下书籍：
1.《旅游心理》，人力资源和社会保障部教材办公室组织编写，中国劳动社会保障出版社，2008 年版。
2.《旅游服务心理素质与职业发展能力训练教程》，陈定樑著，浙江工商大学出版社，2011 年版。
3.《旅游心理服务与技巧》，人力资源和社会保障部教材办公室组织编写，中国劳动社会保障出版社，2008 年版。
4.《自我认识——思想自传》，别尔嘉耶夫著，雷永生译，广西师范大学出版社，2001 年版。
5.《旅游心理学》，黄继元主编，重庆大学出版社. 2003 年版</td></tr>
</table>

【知识链接】>>>

人们对客观世界的认识过程，是人们通过对各种客观刺激进行心理加工的过程，是心理活动的基础和起步。认识过程是心理过程的基础，而认识过程又以感觉和知觉为基础。因此，要了解人们丰富而复杂的内心世界，必须从感觉和知觉开始。

一、感觉

（一）感觉概述

1. 基本概念

感觉是人脑对当前直接作用于感觉器官的客观事物的个别属性的反映。在现实生活中，任何一种事物都具有多方面的属性，例如，一朵花，就有颜色、气味、形状等属性。这些属性分别作用于我们的感受器官，通过人体周身各处的神经系统进入大脑，产生颜色（如嫣红色）、气味（如馥香）、形状（如五朵花瓣）等感觉。

2. 感觉的分类

一般情况下，感觉可分为外部感觉和内部感觉两大类：

（1）外部感觉

外部感觉主要接受来自体外的适宜刺激，反映体外事物的个别属性，主要有视觉、听觉、嗅觉、味觉、肤觉等。外部器官主要是眼、耳、鼻、舌和皮肤。

（2）内部感觉

内部感觉主要接受肌体内部的适宜刺激，反映自身的位置、运动和内脏器官的不同状态，包括运动觉、平衡觉和肌体觉。内部感觉器官存在于人体内部，如肌肉、胃、肠、呼吸道等。

（二）基本规律

人对客观事物的感觉能力，可能因某种因素的影响而发生变化。影响人感觉能力的因素主要有适应现象、相互作用现象、联觉现象。

1. 适应现象

适应现象是指刺激物的持续作用而引起人的感觉发生变化的现象。通常来讲，在微弱刺激物的持续作用下，人的感觉能力提高；在强烈刺激的持续作用下，人的感觉能力降低。感觉的种类很多，各种感觉的速度和程度是不同的。视觉适应程度最高，且速度较快；其他感觉适应程度较低，速度较慢。“入鲍鱼之肆，久而不闻其臭；入芝兰之室，久而不闻其香。”这是嗅觉的适应。厨师刚开始做菜时味道适中，后来由于连续地品尝，舌头的敏感度降低，以至于做出的菜越来越咸，这是味觉的适应。有些旅客明明脖上挂着相机，却四处寻找相机，以为将其遗失在某地，这是触觉的适应。听觉的适应虽然不够明显，但是有助于增进旅游者的审美情趣。

2. 相互作用现象

一般弱刺激能提高其他分析器官的感受性，餐厅里播放优雅的背景音乐，不仅可以调节就餐的气氛，更能增强对于食物的感受。鲜花通过多种感觉相互作用，直接影响人的情绪，造成人们的心理状态出现迅速的深度变化。花卉的形状和香味能够引起强烈的情感反应，在研究中，科学家走访了150位妇女，他们给每位妇女带去不同的礼物，其中包括鲜花、水果和糖果等，来观察她们的反应。结果发现，得到鲜花的妇女比得到其他礼物的妇女要兴奋得多，而且这种效应持续了数日。另外，得到鲜花的妇女比以前回答问题更积极。这表明鲜花不仅对人们的即时情绪性行为有强烈的作用，而且影响人们的社会情绪性行为。研究人员通过另外的试验还发现，鲜花不仅能够拉近人们之间的距离，使人露出笑容、开口交谈，而且还能促进认知功能，提高记忆力等，有些人得到鲜花后的情感表现甚至完全出乎研究人员的意料。

3. 联觉现象

人在认知事物时，往往一种感觉兼有另一种感觉，这就是感觉的联觉现象。毫无疑问，颜色的感觉最容易诱发联觉。色彩、色调的搭配与使用不仅产生各具特色的视觉刺激，还会诱发人体的其他相关感觉，产生丰富的心理效果。例如：红色似火，象征热烈、喜庆、勇敢；橙色如焰，象征活泼、兴奋、不安；绿色如草，象征和平、安宁、文静；白色，云雪之色，显得纯洁、冷静；黑色，夜幕之色，显得神秘、严肃；金色，黄金之色，易于塑造豪华、高贵形象；银色，月光之色，易于塑造寒冷、柔和的形象；紫色，幽艳之色，显得优雅、华贵；灰色，中庸之色，显得平凡、谦逊。

由于感觉具有联觉现象，所以颜色的搭配与使用是一门艺术，各种颜色巧妙地安排在一起，往往能营造出独特的艺术格调。比如，珠海银都酒店根据客人的喜好对客房内设施环境进行改造：新客房以深色调的仿古家具配以明蓝色的地毯，一反仿古装修的老生常谈——古老配深沉。这样，客人既感受到现代气息的简洁明快，又感受到明清风格的古香古色。不同的颜色可以使人产生温度冷暖与距离远近的联觉。如红、橙、黄等色，类似于骄阳、烈焰那样的颜色，往往有温暖亲和之感；被称为暖色，又有前冲和膨胀之感，被称为进色。而青、蓝、紫等色，类似于碧空和寒冰那样的颜色，往往有寒冷寂寞之感，被称为冷色；又有后退和收缩之感，被称为退色。宽大的房间里使用暖色的床单、窗帘、家具、墙纸或地毯，可以使房间在感觉上变小且舒适，避免产生空旷寂寞感；狭小的房间里使用冷色的床单、窗帘、墙纸或地毯，可以使房间在感觉上变大且宁静，避免产生局促和压抑感。不同颜色可以产生不同程度的食欲刺激。酒店餐馆的室内装饰及设备设施多采用红、黄、绿、蓝、咖啡色，因为这五种颜色可以有效地刺激人的胃肠反应，令顾客食欲大开。

二、知觉

（一）知觉概述

1. 定义

知觉是指客观事物直接作用于人的感觉器官，人脑产生的对这些事物各个部分和属性的整体反映。

2. 分类

知觉的种类主要有以下几类：

（1）空间知觉

空间知觉是人脑对物体的形状、大小、远近、方位等空间特性的知觉。

（2）时间知觉

时间知觉是对客观现象的延续性和顺序性的反映，即对事物运动过程的先后和长短的知觉。人总是通过某种衡量时间的媒介来反映时间，这些媒介可能是自然界的周期性现象和其他客观标志，也可能是机体内部的一些生理状态。时间知觉也是人对客观世界的主观映象，它必然受到主客观因素的影响。活动的内容、情绪和态度等都可能影响人对时间的估计。

（3）运动知觉

运动知觉是对物体的空间位移和移动速度的知觉。通过运动知觉，我们可以分辨物体的静止和运动及其运动速度的快慢。运动知觉依赖于许多主客观条件，比如：物体运动的速度、运动物体与观察者的距离、运动知觉的参考标志和观察者自身的静止或运动状态。

（4）错觉

错觉是对外界事物的不正确的知觉。在一定的条件下，人在感知事物的时候，会产生各种错觉现象。例如：一斤铁同一斤棉花的物理重量是相等的，但是，人们用手加以比较时，就会觉得铁比棉花重。初升或将落时的太阳和月亮，看起来好像总比它们在我们头顶上时要大些。这种错觉的产生是因为初升或将落时的太阳和月亮是同树木、房屋相比较的，而头顶上的太阳是同辽阔的天空来比较的。

小思考

眼见真的为实吗？

答：答案是否定的。首先，知觉有自己的规律，如知觉的四种特征，影响知觉的因素等，它们对知觉的产生和形成都构成影响。错觉研究又告诉我们，人的眼睛不是照相机，知觉结果不是客观实际的简单复写，而是加工的结果，所以说眼见并不为实。

运动错觉。第一次乘火车长途旅行，下车后一段时间内，如果躺在床上，还觉得房间似火车车厢一样地在运动。再如，我们在桥上俯视桥下的流水，久而久之就好像身体和桥在摇动。

在旅游资源开发和建设中也常常利用错觉来增加旅游审美效果，特别是中国的园林艺术，常常利用人的错觉，起着渲染风光、突出景致的作用。比如园林中的高山、流水，都是通过缩短视觉距离的办法，将旅游者的视线限制在很近的距离之内，使其没有后退的余地，而眼前只有假山、流水，没有其他参照物，这样，山就显得高了，水也显得长了。许多现代化游乐设施也常常利用人的错觉组织丰富有趣的娱乐项目，给游客带来惊心动魄的乐趣。

案例分析

“风声鹤唳、草木皆兵”

公元383年前秦皇帝苻坚率百万大军进攻东晋，东晋谢安派谢石率八万军队迎战，东晋军首战击败前秦，并与苻坚大军于淝水隔河对垒。苻坚听到前锋被杀、要塞失守，心中大惊，登高远望，见东晋军队阵容严整，旗帜鲜明，向八公山上看去，只见漫山遍野都是东晋军队（草木而已，因败阵而生错觉），心中悚然。后在对阵中前秦大败，几十万大军兵败如山倒，在逃跑中，听到风声鹤鸣都以为是东晋军队追来了，一刻不敢停歇，马不停蹄向下败退，结果将散兵亡，最终导致前秦灭亡。这就是“风声鹤唳、草木皆兵”的由来。

分析提示

知觉并非总是客观正确的，它受两方面因素影响：外在客观因素和内在主观因素。任何一种因素都足以影响人的知觉过程，甚至导致错觉产生。疑心生暗鬼，由失败所引起的强烈恐惧心理使前秦军队产生风声鹤唳、草木皆兵的错觉。

（二）知觉的基本特征

1. 选择性

知觉的选择性是指知觉在一定时间内并不感受所有的刺激，而仅仅指向能引起注意的少数刺激。从另一种意义上说，由于作用于人的客观事物是纷繁多样的，人不可能同时对各种事物进行感知，因此人脑会像过滤器一样，自动过滤掉那些次要的、无用的、有害的刺激，选择主要的、有用的、有益的刺激优先知觉。这样，被选择出来优先予以清晰反映的事物即是知觉对象，被过滤掉予以模糊反映的事物则成为衬托这种对象的背景。

2. 理解性

旅游者的知觉并不是像照相机那样详细而精确地反映出旅游刺激物的全部细节，它并不是一个被动的过程。相反，旅游者的知觉是一个非常主动的过程，它要根据旅游者的知识经验，对感知的旅游刺激物进行加工处理，并用概念的形式把它们标示出来。旅游知觉的这种特性就叫旅游知觉的理解性。

3. 整体性

知觉对象具有不同的属性，由不同的部分组成，但是人并不把知觉的对象感知为零散的孤立部分之和,而总是把它知觉为一个统一的整体,这就是知觉的整体性。例如:看到7 254,人们会倾向于把它看作七千二百五十四,而非“七、二、五、四”四个数字。人们对旅游环境中的刺激进行知觉时,并非是杂乱无系统的,而是倾向于把它们组织成一个整体或一个有意义的实体。常见到的有关整体性的原则有三条:

①接近原则。接近原则是指两个或两个以上的刺激(同类物)在空间上彼此接近时,每一物体都有被构成整个知觉组型-分子的倾向。例如:苏州、无锡,都是江南名城,且在地理上同处江苏省内,容易被视为一个统一的整体。所以,很多游客游了苏州不游无锡,因为他们忽略了苏州与无锡的差异之处,苏州集古典细致与现代游乐于一体,无锡集自然景观与人造影视城于一体。

②相似原则。相似原则指若干事物在性质与形状上具有相似特征时,人们倾向于把它们知觉成统一的整体。例如,“上有天堂,下有苏杭”,江苏苏州与浙江杭州尽管地处不同省份,却被视为一体;中国澳门与美国阿拉斯加相距万里之遥,亦同被视作世界赌城。

③封闭原则。封闭原则是指若干个刺激共同包围一个空间时,人们倾向于把它们知觉成统一的整体。例如,当我们看到“大×东去”时,很自然地把它知觉成“大江东去”;当我们看到“心×如一”时,很自然地把它知觉为“心口如一”。由此可见,知觉具有整合功能,当知觉刺激中的特征不明显表明彼此之间群体关系时,人们会有意识或无意识地根据以往经验增添或减少缺失的部分,并赋予该群体一个整体形象。在旅游活动中,当旅游者觉得旅游线路不完满时,他们往往主动采取措施弥补不足;当旅游者觉得自己无力弥补这种缺憾时,有可能暂缓或中止旅游活动。

4. 恒常性

当物体的基本属性及其结构的关系不变,只是外部条件发生一定变化时,知觉的印象仍保持相对不变这就是知觉的恒常性。比如,无论是在强光下还是在黑暗处,我们总是把煤看成是黑色、把雪看成是白色、把国旗看成是红色。实际上,强光下煤的反射亮度远远大于暗光下雪的反射亮度。知觉的恒常性受到很多因素的影响,其中,主要的是过去经验的作用。知觉的恒常性不是生下来就有的,而是后天学来的。

案例分析

原始部落人的知觉

在非洲的刚果某地,有一族土著人住在原始丛林中,他们从来看不到超出四分之一英里远的东西。当他们被带出森林后,竟把远处的牛说成是虫子,更不相信远处那么“小”的船能装上那么多真正的人。

分析提示

这个案例说明知觉恒常性的形成是经验的结果。当现实距离超过了这些土著人的通常经验范围后，他们就没有正常人在这个距离上所具有的知觉恒常性。相信如果他们走出森林，在以后的生活中能够经常接触这方面的事物，就会逐渐建立起这种知觉能力。

（三）影响旅游知觉的因素

旅游知觉是旅游者对旅游刺激物的感知过程，必然会受到刺激对象本身特点和知觉者本人特点的影响，因此，影响旅游知觉的因素主要包括客观因素和主观因素两个方面。

1. 客观因素

在旅游活动中，具有以下特性的对象，容易引起旅游者的知觉：

（1）具有较强特性的对象

城市中奇特的建筑，山谷中飘忽的云海，群山中挺拔入云的峰峦，一望无际的蓝天碧水，等等。由于其特性对人有较强的作用，因而容易引起人们的知觉。

（2）反复出现的对象

重复次数越多就越容易被知觉。人们多次看到旅游广告、旅游宣传材料，或者经常听到某旅游地的情况，由于信息反复出现，多次作用，会使人们产生较为深刻的知觉印象。

（3）运动变化的对象

在相对静止的背景上，运动变化着的事物容易成为旅游知觉的对象。如倾泻的瀑布、奔驰的列车、闪烁的霓虹灯等，都容易成为知觉的对象。

（4）新奇独特的事物

在一群穿着普通服装的人中，有一个穿着奇装异服的人很容易被知觉。另外，世界称奇的万里长城、秦兵马俑等，都能引起人们的格外注意。

2. 主观因素

知觉不仅受客观因素的影响，也受知觉者自身的主观因素的影响，这些主观因素是指知觉者的心理因素。旅游者是具有不同心理特征的知觉者，感知相同的景观时，他们各自的知觉过程和知觉印象是不同的。

影响知觉的主观因素主要有以下几个方面：

（1）兴趣

旅游者的兴趣不同常常决定着旅游知觉选择上的差异。一般的情况是旅游者最感兴趣的事物往往首先被感知到，而人们毫无兴趣的事物则往往被排除在知觉之外。比如，对文史知识感兴趣的旅游者，就会把帝王古都、历史文物选择为知觉对象；喜欢大自然的旅游者，往往对高山、大海、流泉、飞瀑等特别感兴趣；喜欢猎奇的旅游者则乐于探险活动和对奇风异俗感兴趣。

（2）需要与动机

人们的需要和动机不同也在很大程度上决定着人们的知觉选择。凡是能够满足旅游者的某些需要和符合其动机的事物，就能成为旅游者的知觉对象和注意中心；反之，凡是不能满足需要和不符合其动机的事物，则不能被人所知觉。比如，如果有人外出旅游的目的是为了显示自己的社会地位，那么，他们对那些能象征社会地位的目的地、旅游方式和游览项目就会特别关注。

（3）人格

人格是影响知觉选择的因素之一。比如，不同气质类型的人，知觉的广度和深度就不一样。多血质的人知觉速度快、范围广，但不细致；黏液质的人知觉速度慢、范围较窄，但比较深入细致。此外，还有调查表明，胆大自信的人对乘飞机旅游十分积极主动，而胆小谨慎的人对安全问题十分重视，旅游中乐于乘坐火车。

（4）情绪

情绪是人对那些与自己的需要有关的事物和情境的一种特殊的反映，对人的知觉有强烈影响。比如，当旅游者处于愉悦的情绪状态时，每样东西看上去都是美好的，并兴高采烈地参与各项活动，主动去知觉周围的景物。当旅游者心情不佳时，就会对周围的事物不感兴趣。因此，旅游工作者应当努力使旅游者的情绪经常处于最佳状态，使他们乘兴而来，满意而归。

（5）经验

经验是从实践活动中得来的知识和技能，是客观现实的反映，它是人们行为的调节器。在旅游活动中，对旅游景点如果没有一定的认识和了解，观察就可能是表面的、笼统的、简单的，当旅游员作了适当的讲解后，旅游者就可能观察得更全面、更深刻。这是由于旅游者吸收了别人的经验，增加了自己的知觉，从而对旅游景点有了更多理解的缘故。

（四）知觉的心理定势

心理定势，即心理上的定向趋势，是指人在认识特定对象时心理上的准备状态。“定向趋势”指习惯性的知觉方式；“准备状态”指前一次知觉结果可作为先前的体验留在脑海里影响当前知觉结果，如“一朝被蛇咬，十年怕井绳”。在旅游实践中，普遍存在四种心理定势：首因效应、晕轮效应、经验效应、刻板印象。

1. 首因效应

首因效应又称第一印象效应。第一印象是指初次接触时所留下的印象，常常成为以后印象的基础。在今后的一切活动中，人们会不自觉地将当前印象与第一印象相联系，如果第一印象良好，较为鲜明牢固，对以后的不良印象也不觉得反感；如果第一印象不好，以后的良好印象也会相形失色。

2. 晕轮效应

晕轮效应又称“光环作用”，指人们知觉事物时，易于从知觉对象的某种特征推及知觉对象的整体特征，从而产生美化或丑化对象的印象。晕轮效应的特点是以点盖面、以偏概全，即：因为对事物的部分特征知觉深刻而导致这部分印象泛化为整体印象。晕轮效应带有强烈的主观色彩，所谓“情人眼里出西施”就是这种现象的表现。晕轮效应的极端化就是“推人及物”，即从喜爱一个人的某个特征推及到喜爱他整个人，又进而从喜爱他这个人，泛化到喜爱一切与之有关的事物，即所谓“爱屋及乌”。

3. 经验效应

经验效应指个体凭借以往的经验进行认识、判断、决策、行动的心理活动方式。经验效应的产生与知觉的理解性有关。在知觉当前事物时，人们总是根据以往的经验来理解，并为随后要知觉的对象做好准备。经验效应体现了经验在人们接受信息、处理信息方面的优势，俗语中“姜是老的辣”“老将出马，一个顶俩”都有此意。

经验往往是人们在个人生活工作经历中形成的应付某类问题情境屡次成功或失败的结果。因此，经验可以说是一种财富。比如，有经验的服务员都知道：“宾客永远是对的”，无论客人对错都不应与客人激烈争辩。在绝大多数情况下，当服务员争辩赢了的时候，往往意味着服务的失败。因为只是为了自尊心，客人就不再光临。此外，经验还有助于服务员了解不同顾客群体的消费特征，从而提供优质服务。例如：美国游客一日三餐总要喝些饮料（果汁类），就餐时喝牛奶、汽水、啤酒、葡萄酒，一般不多喝烈性酒，饭后喝咖啡或茶；日本游客喜清淡、味鲜带甜的菜肴，喜欢饮茶且斟茶时以八成满为最恭敬，不喜食肥肉和猪内脏，忌送梳子（日语发音近似“苦死”）；而韩国游客一般爱喝浓汤不爱喝清汤，熟菜中不喜欢放醋，而且偏爱白色，因为他们崇拜太阳神而白色表示太阳光。但是，经验又有局限性的一面，不考虑时间、地点照搬套用，往往导致人们在认知过程中出现知觉偏差。经验效应还导致人们在认知、处理问题的过程中，不作经验以外的尝试，所以，在特殊情况下它可能变成人们正确有效解决问题的障碍。国外某些大型饭店在招聘员工时，不喜欢雇用那些有经验、从事过饭店工作的人。原因就在于这些人带有过去的经验和习惯的工作方式，办事机械盲目而不自知。这样，在适应新的环境和工作方式时，他们遇到的困难较大，改变起来也比较困难。

4. 刻板印象

刻板印象指的是社会上部分人对某类事物或人群所持共同的、笼统的、固定的看法和印象。这种印象是群体的共识，不是个体偏见。例如，人们一般认为南方人精明、机灵，北方人粗犷、直率；青年人有热情、敢创新、易冲动，老年人深沉稳重而倾向于保守。刻板印象普遍存在于人们的意识之中；人们不仅对曾经接触过的事物具有刻板印象，而且对从未见过面的事物，也会根据间接的资料与信息产生刻板印象。例如，有些人从未坐过飞机但却固执地认为乘坐飞机很危险，因为新闻媒体经常报导飞机失事坠毁事件。

刻板印象强调群体的共性特征，因而导致人们在认知事物过程中，总是把个体看作群体的一员，过于重视个体的共同属性而忽视个体的个别属性。正因为如此，在旅游服务中，刻板印象既有利于人们正确认知事物，又易于导致人们歪曲认知事物。刻板印象有助于简化和加快认识过程，有助于我们对各色各样的游客作概括性了解。每一社会群体都会有些共性特征，运用这些共性特征去观察了解群体中的个体成员，有时的确是知觉别人的有效途径。

刻板印象调查

台湾学者李本华与杨国枢（1963 年）以台湾大学学生为对象，调查对外国人的刻板印象。结果如下：

美国人：民主、天真、乐观、友善、热情。

印度人：迷信、懒惰、落伍、肮脏、骑墙派。

英国人：保守、狡猾、善于外交、有教养、严肃。

德国人：有科学精神、进取、爱国、聪慧、勤劳。

法国人：好艺术、轻浮、热情、潇洒、乐观。

日本人：善于模仿、爱国、尚武、进取、有野心。

俄国人：狡猾、欺诈、有野心、残酷、唯物。

（五）对旅游条件的知觉

旅游时间、旅行距离以及旅游交通工具，都是实现旅游活动必不可少的重要条件。消费者对这些旅游条件的知觉，会对旅游态度和行为产生重要的影响。

1. 对旅游时间的知觉

旅游者对旅游时间的知觉常因动机的不同而有所不同，但对于绝大多数旅游者而言，他们都希望“旅行要快，游览要慢，一切活动要准时”。

①旅行要快，即要用较短的时间完成居住地与目的地之间的往返行程。假定旅游时间是固定不变的，那么旅行时间短暂，就意味着旅游目的地逗留时间会相对较长。现代人外出旅游主要是利用传统的节假日和带薪假期，如每年的“五一”“十一”“春节”都是我国的旅游黄金周。这些闲暇时间都是有限制的，所以人们在外出旅游时，总要设法缩短枯燥的旅行时间，采用最有效、迅捷的交通工具来节省时间。

②游览要慢，即在旅游目的地逗留时间要充足，能够保证旅游者尽兴地观赏游玩、从

容地细细体味。如果说旅行是旅游的一种手段，那么游览观赏则是旅游要达到的目的。因此，旅游者总是希望有足够的时间在旅游地停留、有丰富的内容供自己享用；而旅游供给方也尽量提供食、住、行、游、购、娱一条龙服务，变单调的观光产品为集观光、休闲、参与、度假等产品并举的多元化产品，从而尽量延长消费者在旅游目的地的滞留时间。

③一切活动要准时，在现代化、工业化社会里，竞争激烈而讲求效率，人们大多已养成守时和按计划行事的习惯。因此，旅行社组团旅游时，一旦活动项目不能按照合同如期进行，就会使游客无所适从，甚至遭受经济损失。例如，如果游客离开下榻饭店前结账不及时，就会错过预订的航班从而延误整个行程。而对于商务旅游者而言，错过的可能不只是一次航班，而是一次洽谈业务、获取丰厚利润的良机。

“旅行要快，游览要慢，一切活动要准时”是旅游者普遍的心理需求。但是，我们也应该看到：普遍性中总有特殊性，对旅游时间的知觉往往因旅游动机而异。例如，以度假为旅游动机的游客会把较长时间消耗在旅游度假地；以探险为旅游动机的游客会把较长时间消耗在旅行途中。

2. 对旅行距离的知觉

旅行距离指的就是游客居住地与目的地之间的距离。一般来讲，对距离的知觉直接影响到个体的旅游行为，其影响具体表现在距离对旅游的阻止作用和激励作用。

(1)距离对旅游行为的阻止作用

旅行距离的阻止作用体现在：距离越长意味着交通费用越高、旅行时间越长、旅行中消耗的体力和激情越多，所以人们外出旅游的可能性越小。习惯上，地理学家把距离的阻止作用称之为“距离的摩擦”：旅行距离越长意味着人们付出的金钱、时间、体力、情感方面的代价越高。人们付出的代价越高，期望值就越高，如果人们不能从旅游中得到足够的利益补偿这些代价，抵消摩擦力，旅游行为便不会发生。正因为如此，远距离旅游者要少于近距离旅游者，国际旅游者要少于国内旅游者。

(2)距离对旅游行为的激励作用

旅行距离的激励作用体现在：“距离产生美感”，距离越长越容易产生神秘感和朦胧感。事实上，遥远的目的地总是对旅游者具有特殊的吸引力，激励人们跨越千山万水，不计较时间、金钱、体力等方面的代价，积极前往异域他乡。习惯上，旅行距离的激励作用被视为与“摩擦力”相抗衡的“推动力”；距离越远，新异性越强，旅游地的吸引力越大。事实上，在时间充足、经济条件允许情况下，消费者往往倾向于远距离旅游。据有关报道，在广东省 2002 年新春伊始，独具北国风情的东北地区就成了人们出门度假的首选，海南岛、华东、云南等地同样也成为出游的热点。在出国旅游方面，由于广东各大旅行社在新年期间特别推出了较低价位的东南亚及泰国超值团，所以游客踊跃报名，仅广东中旅 1 月 1 日至 3 日的出团人数就达到了 3 200 多人，其中出境游人数达到 800 多人。

3. 对旅游交通工具的知觉

旅游交通指旅游者利用某种手段和途径，实现从一个地点到达另外一个地点的空间转移过程，主要涉及航空、铁路、公路、水路客运等四大方面。随着现代旅游的发展，飞机、火车、游船、汽车已成为主要的旅游交通工具，它们既是抵达目的地的手段，同时也是在目的地内活动往来的手段。

(1)对飞机的知觉

飞机是用于航空旅行的交通工具。目前，航空公司很多，飞机的机型种类也很多，但是人们对机型的知觉对其消费行为并不产生重大影响。研究表明，旅游者对客运班机的选择与以下四个因素密切相关：起飞时间、是否按时抵达目的地、中途着陆次数、空中服务质量。

航空旅行的主要优点是快速和舒适，因此尤其适用于远程旅游。对于国际游客而言，飞机是主要的交通工具；对于讲究时效的商务游客而言，飞机依然是最理想的选择。航空飞行的主要缺点是昂贵且不安全。由于成本方面的原因，飞机是目前最昂贵的交通方式，所以消费者对机票价格比较敏感。对于绝大多数尚未决定是否出游的人来说，航班出发前的大幅折扣将使他们极为动心。缓解供求矛盾的另一举措是开辟直达航班，例如成都—丽江直达航线开通后，免除了四川游客以往从昆明中转再前往丽江的不便，既大大节约了旅行时间又使机票费用降低了近一半，使得航空旅行更加便捷、省钱、省时。

(2)对火车的知觉

火车是用于陆地旅行的重要交通工具。虽然20世纪50年代以后在世界范围内，铁路营业量已经大大减少，但在我国，火车至今仍是国内旅游的主要交通工具。研究表明，影响旅游者对火车的知觉因素主要有五点：运行速度、发车和抵达目的地的时间、是否准时正点运行、中间停留次数、车上服务质量。铁路旅行的主要优点是票价低廉、在乘客心目中安全性最强、并可沿途观赏风景，因此尤其适宜于短、中程旅游。对于大多数中国游客而言，火车毫无疑问是国内游最经济实惠的选择。铁路旅行的主要缺点是耗费时间，改变这种局面的主要措施就是提高火车运行速度。目前，我国普通列车时速可达140～160千米，而上海浦东国际机场至陆家嘴磁悬浮高速列车时速可望达到300～500千米。

(3)对其他旅游交通工具的知觉

①汽车。汽车包括私人小汽车、公共客运汽车和长途公共汽车。随着社会经济的发展，很多国家(特别是欧美国家)拥有私人汽车的家庭比例不断上升，很多旅游者选择自己驱车度假。对于乘汽车的其他旅游者来说，影响知觉的因素主要有五点：运行速度、发车和抵达目的地的时间、汽车的功能和舒适程度、车上服务质量、路面状况。

②轮船。轮船主要包括渡轮和游轮。随着航空客运的兴起、铁路客运的复苏，远洋客运业务逐渐衰落。但是，随着现代旅游的发展，短程海上渡轮业务却日渐兴起。因此，

今天的轮船作为旅游交通工具主要是用于海上巡游和内河观光,往往被人们称为游船。对于选择游船的旅游者来说,影响知觉的因素主要有四点:游船所到达港口城市的多少、距离的远近、港口城市景观的多少以及船上服务的特色与质量。在旅游过程中,游客连续购买食、住、行、游、购、娱六大方面产品,每一次购买行为实际上就是一次旅游决策行为。研究旅游者的消费行为,对促进和影响人们的旅游消费有重要意义。

三、态度

(一)态度概述

态度是指个人对某一对象所持有的评价与行为倾向。态度的对象是多方面的,有人、事件、物、团体、制度以及代表具体事物的观念等。人们对一个对象会作出赞成或反对、肯定或否定的评价,同时还会表现出一种反应的倾向性,这种倾向性就是心理活动的准备状态。所以,一个人的不同态度,就会影响到他的行为取向。

从态度的构成看,主要包括三种成分,即认知成分、情感成分和意向成分。

认知成分是指对人、对事物的认识、理解和评价,即我们通常所说的印象。它是态度形成的基础。比如,某游客认为大连是个好地方,环境整洁优美,海滨风光秀丽,气候湿润宜人,这就是游客对大连的看法。

情感成分是指对人、对事所作的情感判断,它是态度的核心并和人们的行为紧密相联。比如,当某游客对大连作出了评价,有了印象后认为"大连是个美丽的、可爱的城市",这里就清楚地看出其中有积极的情感成分。

意向成分是指个人对态度对象的反应倾向,即行为的准备状态。我们研究态度中的行为成分常常根据态度中的情感成分推测。比如,某游客对大连产生了积极肯定的情绪情感,他在心理上就积极地做各种准备,一旦外部条件成熟就可能来大连旅游。

态度的上述三种成分一般是协调一致的。比如,游客到大连后选择酒店过程中,如果他认为渤海明珠大酒店服务优,硬件条件好,所处位置方便,他就会对渤海明珠大酒店比较满意,产生喜欢、愉快的情感,从而准备住到那里。因此,态度的三种成分之间的相互一致性,对我们研究客人的态度与行为的关系是非常重要的。

(二)态度的特点

人们的态度一旦形成,就通常具备以下几个特点:

1. 对象性

态度必须指向一定的对象,若没有对象,就谈不上什么态度。态度是针对某一对象而产生的,具有主体和客体的相对关系。人们做任何事情,都会形成某种态度,在谈到某一态度时,就提出了态度的对象。例如,对某个酒店的印象如何,对酒店的收费有何感觉,对服务员有什么看法等,没有对象的态度是不存在的。

2. 社会性

态度是通过学习获得的，不是生来就有的。态度不是本能行为，虽然本能行为也有倾向性，但这是不学就会的；而所有的态度都不是遗传来的，而是后天获得的。比如，客人对某酒店的态度，或者是他自己在接受服务的过程中通过亲身观察得来的，或者是他通过广告宣传、其他客人的评价等形成的。

3. 内隐性

态度是一种内在结构。一个人究竟具有什么样的态度，我们只能从他的外显的行为中加以推测。例如，一个员工在业余时间里总是抱着各种专业书在看，那么我们就可以从他的行为中来推测他对学习是抱着积极的态度。心理学家罗森伯格描述了态度的内在结构的特征。

表 1－1　态度内在结构的特征

刺激	态度	反应
外界刺激是可以观察到的独立变量：如个人情况、社会问题、社会团体及其他对象	态度是中介因素，有三个成分：情感、认知、意向	反应是可以观察到的从属变量情感反应 认知反应以及观点的言语反应外显行为

上表是通过刺激、态度、反应的三者关系来说明，态度这一内在结构是刺激与反应之间的中介因素。

4. 稳定性与可变性

态度的稳定性是指态度形成后保持相当长的时间而不变。态度是个性的有机组成部分，它使人在行为反应上表现出一定的规律性。比如，客人在某酒店接受了良好的服务后，感觉很好，从而形成了对这家酒店的肯定的态度，以后当他再有这种需要时，很可能还选择这家酒店。这也就是人们常说的"回头客"。回头客的多少，既反映了酒店服务质量的高低，也反映出了客人态度的稳定与否。当然，态度也并非一成不变，当各种主客观因素发生变化时，态度也会随之改变。如果客人在这个酒店受到某个新来的服务员不太礼貌的接待或发现这家酒店的饭菜质量已不如从前，他就会改变原来对这家酒店的积极肯定的态度，而产生消极、不满的情绪，并可能从此不再光顾这家酒店。

5. 价值性

态度的核心是价值。价值是指作为态度的对象对人所具有的意义。人们对于某个事物所具有的态度取决于该事物对人们的意义大小，也就是事物所具有的价值大小。事物的主要价值有六种：①理论的价值；②实用的价值；③美的价值；④社会的价值；⑤权力的价值；⑥宗教的价值。事物对人的价值大小，一方面取决于事物本身，比如，客人对某酒店的态度，主要取决于该酒店能为客人提供什么，如地位（社会的价值）、休息（实用的价值）等；另一方面，也受人的需要、兴趣、爱好、动机、性格、信念等因素所制约。所以，同样一件事,由于人们的价值观不同,因而产生的态度不同。为此,能满足个人需要、投合人的兴趣爱好、与人的价值观念相符的事,人们会产生正面的态度;反之,则产生消极的态度。

6. 调整性

态度的一个重要特点就是它具有调整功能。所谓调整就是当事人在社会奖惩或亲朋意见及榜样示范作用下改变自己态度的情况。这种功能有助于旅游者在心理上适应新的或困难的处境,使自己不必亲身经历或付出代价而达到态度的改变。在旅游活动中最常见的就是人们根据他人或社会的评价来调整或改变其态度。例如,某人准备到某旅游胜地去度假,当其同事或朋友表示了不同的看法,或看到游客在此地受到不公正对待的报道后,他就很可能改变原来的态度,取消这次旅游或到别的地方去旅游。

（三）态度的形成过程

人的态度不是生下来就有的,而是在一定的社会环境中形成的。刚出生的婴儿,无所谓态度,在其发育成长过程中不断接触周围事物,从而在大脑中形成了各种印象、看法,获得了相应的情绪体验就逐渐形成了对事物的态度。心理学家 H. C. 凯尔曼提出了态度形成有三个阶段,即服从、同化、内化。

1. 服从阶段

人为了获得物质与精神的报酬或避免惩罚而采取的表面顺从行为称为服从。服从阶段的行为不是个体真心愿意的行为,而是一时顺应环境要求的行为。其目的在于获得奖赏、赞扬、被他人承认,或者为了避免惩罚、受到损失等。当环境中奖励或惩罚的可能性消失时,服从阶段的行为和态度就会马上消失。服从行为和态度,在日常生活中非常普遍。比如,刚入学的大学生对于学校规定的出早操的要求,有些学生由于没有早起的习惯,刚开始觉得非常别扭,甚至觉得学校真是多此一举。可是学校的规定必须执行,否则就要受到惩罚,无奈只能出早操。这种不愿早起又不得不早起的行为,就是服从行为。

2. 同化阶段

这一阶段的特点是个体不是被迫而是自愿地接受他人的观点、信念,使自己的态度与他人的要求相一致。同化阶段的态度不同于服从阶段的态度,它不是在环境的压力下形成或转变的,而是出于个体的自觉或自愿。如一个人想加入某个有吸引力的社会团体,他就会承认该团体的章程,愿意以该团体的规范约束自己的行为,接受团体对他的要求和指导,并以该团体一分子的态度对待工作与生活。以大学生出早操为例,某学生坚持了一段时间以后,由于出早操给他的身体和精神都带来了好处,即使不出操不给任何惩罚,他也会主动遵守学校的这一规定。

3. 内化阶段

内化阶段是指人们从内心深处真正相信并接受他人的观点而彻底转变自己的态度,

并自觉地指导自己的思想和行动。在这一阶段,个体把那些新思想、新观点纳入了自己的价值体系,以新态度取代旧态度。一个人的态度只有到了内化阶段,才是稳固的,才真正成为个人的内在心理特征。态度的形成从服从阶段到同化阶段再到内化阶段,是一个复杂的心理过程。当然,并不是所有的人对所有事物的态度都要完成这个过程。人们对一些事物的态度的形成可能完成了整个过程,但对另一些事物可能只停留在服从或同化阶段。

(四)态度和旅游行为

1. 态度和行为的关系

态度是一种内在的心理倾向,是行为的准备状态,行为是态度的外在表现。通常情况下,态度决定行为,人的一切行为都受态度的影响,所以态度和行为具有一致性。同时,人的行为还受社会规范、行为习惯和情感压力等影响,从而态度和行为不一致。

2. 态度与旅游决策

态度对旅游者行为的影响直接体现在对旅游决策的影响上。旅游决策与人的其他决策一样,往往要求决策者经历一系列的心理步骤。图 1－1 所示的是对这一决策过程的一种认识。

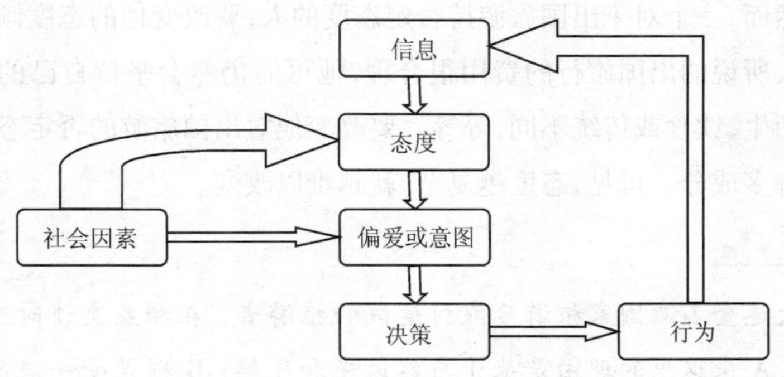

图 1－1　旅游决策过程

3. 态度与旅游偏好

态度即便不能完全预测人们的实际行为,也可以很好地预测人们的旅游偏好。所谓旅游偏好是指人们趋向于某一旅游目标的心理倾向。旅游偏好与旅游行为之间有着直接相关,这也就是为什么探讨旅游偏好的原因。

态度是偏好形成的基础,心理学研究表明,态度至少有两个特征对偏好的形成具有重要影响,这两个特征是态度的强度与态度的复杂性。

态度的强度即态度的力量,它是指个体对对象赞成或不赞成的程度。一般来说,态度强度越大,态度就越稳定,改变起来也就越困难。人们对某一对象的态度强度与态度对象的突出属性有关,而态度对象的突出属性对人的重要程度又是因人而异的。任何事物都有许许多多的属性(形状、外观、价格等),人们对事物的认知是针对事物的具体属性而言的。不仅如此,对于同一个人来说,随着他的需要或目标的改变,其态度对象的突出属性也会发生变化。

态度的复杂性是指人们对态度对象所掌握的信息量和信息种类的多少,它反映了人们对态度对象的认知水平。人们对态度对象所掌握的信息量和信息种类越多,所形成的态度就越复杂。比如,对于某个特定航空公司的态度就可能很简单,除了起飞时间、直达服务及其他时间方面的便利外,人们往往觉得相互竞争的大航空公司之间差别很小。然而对于整个航空旅行的态度则比对于个别航空公司的态度要复杂得多。对航空旅行的态度涉及到速度、方便程度、节约时间、费用、身份、声望、空中服务、行李携带等多方面的问题。对于旅游者来说,最复杂的态度也许是对国外旅游目的地的态度。这些态度至少涉及到陌生的旅馆、异国风味的食品、外国人、陌生的语言、不同的传统等很多方面。

一般说来,复杂的态度比简单的态度更难以改变。比如,对旅行支票的态度属于简单态度。如果一位旅游者之所以对旅行支票持否定态度,只是因为他并不认为这些旅行支票真地有用,那么只要向他指出一个人离家在外时丢失钱包是多么不方便,他就会改变这种态度。然而,一个对于出国旅游持否定态度的人,要改变他的态度倾向就非常难。即使他相信别人所说的出国旅行的费用很合理,他可能仍然会坚持自己的否定态度,理由是文化环境陌生、饮食或传统不同,等等。要改变他对出国旅游的否定态度,必须改变整个态度中的许多成分。可见,态度越复杂,就越难以改变。

案例分析

有两个在大连金石滩国家旅游度假村度假的旅游者,在相互交谈时道出了完全不同的度假理由。A 来这里的理由是基于自然风光和气候;B 则是受一流的高尔夫球场的吸引。为什么他们对同一度假地会有不同的旅游偏好?

分析提示

此案例可以从知觉和旅游偏好两个角度进行分析,也可以把这两个角度结合起来综合分析。人们对大连的“金石滩国家旅游度假村”的整个态度是由人们对他们希望在那儿看到的各种特征的态度组合而成的,这些特征包括自然景色、住宿条件、伙食、娱乐设施,还有它们的费用和被知觉到的价值,而其中的每一个特定属性也都具有各自的突出特点。但是,每一种突出属性的相对重要性却因个体的不同而不同。以到金石滩国家旅游度假村旅游的游客为例,有人认为气候宜人、环境舒适和高尔夫球场非常重要,而有人却认为海滩、费用是最突出的属性。因此,对同一个旅游点来说,不同的游客所知觉到的突出属性就可能不一样,这种差异就影响到旅游者旅游偏好的形成。同一旅游地可能会满足不同旅游者的不同旅游偏好，做到这一点的范围越大，就越能吸引不同偏好的旅游者。

四、自我认识

“知己知彼，方能百战不殆”。我们正确客观的认识自己，进一步明确自己的优势及劣势，发现自身所追求和期望的是什么，才能弥补自身缺陷，而不是去期待改变那些无法改变的事实。自我认知不仅包括自身自然状况、性格和特点，也包括看不见的内在素质。它是自我调节控制的心理基础，又包括自我感觉、自我概念、自我观察、自我分析和自我评价。自我分析是在自我观察的基础上对自身状况的反思。自我评价是对自己能力、品德、行为等方面社会价值的评估，它最能代表一个人自我认识的水平。简而言之，自我认识就是指人对自己及其外界关系的认识，也是认识自己和对待自己的统一。

（一）自我认识的含义

1. 自我认识的定义

自我认识是对自己及自己与周围环境关系的认识，包括对自己存在的认识，对个体身体，心理，社会特征等方面的认识。这种认识是个体通过观察、分析外部活动及情景、社会比较等途径获得的，是一个多维度、多层次的心理系统。

2. 自我认识的意义

自我认识也就是要全面了解自己。一个有效的设计必须是在充分且正确认识自身条件与相关环境的基础上进行的。要审视自己、认识自己、了解自己，做好自我认知，包括自己的兴趣、特长、性格、学识、技能、智商、情商、思维方式等。自我认知是发挥我们主观能动性的基础。正如著名的成功学大师拿破仑・希尔所言：“一切的成就，一切的财富，都是始于自我认知。”我们只有在实事求是地认识自己的基础上，才可能迅速、准确地捕捉和把握就业机遇。

中国古代的知识分子历来重视封建主义的自我修养。如孔丘强调立志，要求人们“志于道”“择善而固执之”。他还提倡“内自省”“内自讼”，要求人们自觉地改过迁善。《大学》说的“君子必慎其独”，也是一种自我修养的功夫。孟轲强调德性涵养要依靠“自得”，他说：“君子深造之以道，欲其自得之也。自得之，则居之安；居之安，则资之深；资之深，则取之左右逢其源。故君子欲其自得之也。”

马克思主义者的德育论认为，认识同自我认识是统一的过程；自我认识在一定意义上来说是认识的结果，又是进一步认识的条件或内部动力。因此在认识过程中要充分发挥受认识者自我认识的主体作用。

3. 自我认识的方法

自我概念并非与生俱有，它是在社会化进程和社会交往、社会实践活动中逐渐形成的,并经历了生理的自我、社会的自我、心理的自我三个发展阶段。在社会生活与实践中,人们往往通过以下途径来认识自己。

(1)自我观察

自我观察法属于内省法的一种。由结构心理学派创始人德国人冯特首创。他认为自我观察是对自我所感所知、所思所想、情感、意向等内部经验感受的观察和分析,并将结果报告出来。它是研究人的心理活动的基本的、简单易行的方法。但具有很大的局限性。

①自身外表和体质状况的观察,包括外貌、风度和健康状况等方面的观察。

②自我形象的观察,主要对自己在所生活的集体中的位置和作用、公共生活中的举止表现及社会适应能力等的观察。

③自己精神世界的观察,包括对自己政治态度、品德水平、智力水平、能力、性格、兴趣、爱好、特长等方面的观察。

(2)他人评价

以人为镜,即通过别人对自己的评价获得对自我的认识。自我概念不但与他人的实际反应有密切关系,而且也与个人对他人反应的估价相关联。

大文豪苏轼写道:“不识庐山真面目,只缘身在此山中。”认识自己有时候的确比较难,一般来说,当局者迷,旁观者清,周围的人对我们的态度和评价能帮助我们认识自己、了解自己。我们要尊重他人的态度与评价,冷静地分析。对他人的态度与评价既不要盲从,也不能忽视。

(3)比较法

在比较中认识自己。可以通过与同龄人在人格、能力、与人交往的态度、情感的表达方法等方面进行比较,找出自己的特点,确定自己在同龄群体中的位置,进一步认识自己。比较中注意对象的选择,要寻找适合自己实际情况,与自己多方面条件相近的人进行比较。只有这样才能客观公正地评价自己,认识自己。

(4)心理学方法

即在心理咨询师或心理辅导员的专业指导下进行心理辅导,运用心理测量量表进行测验,这些方法可以使人们更直观、科学地了解自己。

【计划、决策与实施】>>>

学习情景一	旅游服务人员心理认知与保健
工作过程一	知觉、态度与自我认识

续表

<table>
<tr><td>学生行为</td><td colspan="4">进行成员任务分配，制订工作计划，讨论计划的科学合理性，完善计划并做出最终决策。通过查阅互联网、相关书籍或知识链接资料，搜集自我认识的资料等实施决策，深入认识知觉、态度理论的现实性意义，意识到自我认识在社会生活中的重要性，进行总结</td></tr>
<tr><td>教师行为</td><td colspan="4">督导学生分组讨论，审核工作计划，提出修改建议，引导学生做出正确的决策，对学生的具体分析和完成各项任务进行答疑与督导，并观察学生的表现</td></tr>
<tr><td rowspan="11">计划、决策与实施</td><td>序号</td><td>实施步骤</td><td>操作要领</td><td>参考资料详细地址</td></tr>
<tr><td>1</td><td></td><td></td><td></td></tr>
<tr><td>2</td><td></td><td></td><td></td></tr>
<tr><td>3</td><td></td><td></td><td></td></tr>
<tr><td>4</td><td></td><td></td><td></td></tr>
<tr><td>5</td><td></td><td></td><td></td></tr>
<tr><td>6</td><td></td><td></td><td></td></tr>
<tr><td>7</td><td></td><td></td><td></td></tr>
<tr><td>8</td><td></td><td></td><td></td></tr>
<tr><td>9</td><td></td><td></td><td></td></tr>
<tr><td>10</td><td></td><td></td><td></td></tr>
<tr><td>组长签字</td><td colspan="2"></td><td>组　　别</td><td></td></tr>
<tr><td>教师签字</td><td colspan="2"></td><td>日　　期</td><td></td></tr>
</table>

【评价、检查与反馈】

学习情景一	旅游服务人员心理认知与保健
工作过程一	知觉、态度与自我认识
学生行为	1. 对知觉、态度与自我认识工作任务完成情况进行自我检查和反思，填写检查表。 2. 能利用所学的理论知识完成实训项目，总结学习中的收获与体会，进行自我评价，并对本小组的成员表现进行逐一评价，填写评价单和学习反馈单
教师行为	听取学生成果汇报，检查学生学习任务完成情况，并指出不足及修改建议，对学生的学习表现进行评价，通过学生教学反馈总结教学的不足，制订工作改进计划

续表

	评价类别	项目	子项目	个人评价	教师评价	组内互评
评价	专业能力（60%）	资讯（15%）	搜集信息查找资料（5%）			
			引导问题回答（10%）			
		计划实施（20%）	工作流程的正确性（2%）			
			方案设计科学性（3%）			
			实施操作正确性（10%）			
			知识的运用（5%）			
		检查（5%）	全面性、准确性（3%）			
			异常情况排除（2%）			
		结果（20%）	演示汇报（10%）			
			知识技能掌握（10%）			
	社会能力（20%）	团结协作（10%）	对小组的贡献（5%）			
			小组合作配合情况（5%）			
		敬业精神（10%）	吃苦耐劳精神（5%）			
			学习纪律性（5%）			
	方法能力（20%）	计划能力（10%）				
		决策能力（10%）				

	序号	检查项目	检查标准	学生自检	教师检查
检查	1	目标认知	工作目标明确，工作计划周密，具有可操作性		
	2	理论知识	基础理论知识的全面掌握		
	3	基本技能	能够运用基本的理论进行实践思考、分析、解决问题		
	4	学习能力	能在教师指导下，全面掌握相关知识和技能		
	5	工作态度	主动参与，积极完成工作任务		
	6	团队合作	积极与他人合作，共同完成任务		
	7	工具运用	熟练利用资料自学，利用网络进行资料查询		
	8	任务完成	保质保量完成任务		

续表

教学反馈	我对学习本工作过程的意见或建议：		
组长签字		组　别	
教师签字		日　期	

【实训项目】>>>

调查自己给他人留下的第一印象

提示：旅游员与游客的交流更多是建立在第一印象的基础上，了解自己在别人眼里的第一印象，对塑造好自己的第一印象具有重要意义。

实训项目	第一印象塑造
实训要求	1.通过走访10个陌生人进行第一印象测试，记录下别人对你的评价，了解自己给他人留下的第一印象。 2.通过社会调查记录自己的第一印象，找出影响第一印象的因素。 3.根据自己实际以及服务需要设计自己的第一印象。
实训时间	6学时
实训步骤	1.设计进行第一印象心理测试的问题(2学时)。 2.走访10个陌生人，调查自己留给别人的第一印象(2学时，课外进行)。 3.写出关于第一印象的调查报告，汇报公得体会(2学时)。 4.教师点评

【实训报告】>>>

实训项目名称	
实训目的及要求	
实训内容	

续表

实训步骤	
实训环境	
实训结果与分析	
教师评语	

工作过程二　情绪、情感与自我控制

【任务布置】>>>

学习情景一	旅游服务人员心理认知与保健
工作过程二	情绪、情感与自我控制
教师行为	1. 引导学生明确工作任务及资讯问题，对学生进行随机分组，组成本工作过程的学习小组。 2. 讲解情感、情绪的基本概念、要素，功能和作用，使学生明白自我控制的必要性，并引导学生运用科学的方法进行有效的自我控制
学生行为	在教师引导下，明确学习任务及要求，分组学习知识链接，查阅资料和文献，找出资讯问题的答案，初步掌握学习内容，能够利用所学知识完成实训项目

续表

<table>
<tr><td>工作任务</td><td colspan="2">了解中国情感、情绪的基本概念、要素，明确情感、情绪的功能和作用，认识到自我控制在生活、工作中的重要性，学会有效地控制自己的情感、情绪</td></tr>
<tr><td rowspan="8">资讯</td><td rowspan="7">资讯问题</td><td>1. 简述情感、情绪的基础理论</td></tr>
<tr><td>2. 阐述情感、情绪的联系与区别</td></tr>
<tr><td>3. 情感、情绪的分类有哪些</td></tr>
<tr><td>4. 情感、情绪的作用有哪些</td></tr>
<tr><td>5. 影响旅游者情感、情绪的因素有哪些</td></tr>
<tr><td>6. 简述自我控制的特征、意义</td></tr>
<tr><td>7. 提高自我控制的方法有哪些</td></tr>
<tr><td>资讯引导</td><td>以上资讯问题请查阅本书知识链接，同时参考以下书籍和网页：
1.《旅游心理》，人力资源和社会保障部教材办公室组织编写，中国劳动社会保障出版社，2008 年版。
2.《旅游服务心理素质与职业发展能力训练教程》，陈定樑著，浙江工商大学出版社，2011 年版。
3.《旅游心理服务与技巧》，人力资源和社会保障部教材办公室组织编写，中国劳动社会保障出版社，2008 年版。
4.《自控力》，凯利·麦格尼格尔著，王岑卉译，印刷工业出版社，2012 年版。
5.《旅游心理学》，黄继元主编，重庆大学出版社，2003 年版。
6. 壹心理网站，http://www.xinli001.com</td></tr>
</table>

【知识链接】>>>

一、情绪和情感概述

情绪和情感是人类行为中最复杂的一面，也是人类生活中最重要的一面。试想，若是一个人没有情绪生活着，这个丰富多彩的世界对他将毫无意味，无所谓悲伤忧愁，无所谓幸福快乐，不需要友谊的慰藉，也体验不到爱情的温馨。一般平常人的生活中，随时随地都有喜怒哀乐等情绪的起伏与变化。

（一）情绪和情感的概念

所谓情绪和情感，是人对客观世界的一种特殊的反映形式，是人对客观事物是否符合自己需要的态度的体验。对上述定义，可以从三个方面来分析：第一，情绪和情感也是人对客观现实的一种反映形式。客观现实中的对象与现象是人们情绪与情感的源泉。

因为人同各种事物的关系不完全一样，人对这些事物所抱的态度也不一样，所以人对这些事物的情绪情感的体验也就不同。第二，人之所以能对自己对客观现实是否符合需要的态度有所体验，是因为人在与客观事物接触的过程中，客观现实与人的需要之间形成了不同的关系。例如，有些对象和现象，如清新的空气、悦耳的歌声、高尚的品德等，一般都符合于人的需要，就使人产生趋向于这些事物的态度，从而产生满意、愉快、喜爱、赞叹等情绪和情感的体验。另一些对象和现象，如卑鄙自私、庸俗虚伪、凶恶狠毒等，不符合、不满足于人的需要，就使人产生背向于这些事物的态度，从而产生不满意、烦恼、忧虑、厌恶等情绪和情感的体验。第三，在现实生活中，并不是所有事物都可以产生情绪和情感。例如，我们每天要接触到很多事物，固然有很多事物引起我们的爱好或厌恶的情绪和情感，也确实有不少事物是无所谓的，对我们来说，是既不讨厌也不喜欢的。这里必须指出的是，和我们的需要具有这样或那样关系的事物，才能引起我们的情绪和情感。

（二）情绪、情感的区别和联系

情绪和情感是十分复杂的心理现象，它们是从不同角度来揭示人的心理体验的概念。由于人的心理体验的复杂性，对情绪和情感作出严格区分是困难的，只能从不同的侧面对它们加以说明。

1. 引起情绪和情感的需要的性质不同

情绪通常是指那种由机体的天然需要是否得到满足而产生的心理体验。天然性需要得到满足，就产生积极的、肯定的情绪，否则，就产生消极的否定的情绪。情感则与人在历史发展中所产生的社会需要相联系，情感的基础是和人与人之间的关系（即社会关系）相联系的需要。如对社会的贡献、品德的需要、尊重的需要等。由满足这些需要而产生的责任感、荣誉感、品德感、集体感等心理体验，就是情感。这些需要和情感都是人们在社会生活条件下形成的，它具有社会历史性，情感是人类所特有的。

2. 情绪和情感在稳定性上的差别

情绪带有很大的情景性、激动性和短暂性，一般是由于当时特定的条件所引起的，它常常在活动中表现出来。一定的情景出现便引起一定的情绪，情景过去了，情绪也就消失了。情感则既具有情景性又具有稳定性和长期性。人与人之间在共同活动中产生的友好情感，不会因为活动的结束而消失，还会长期存在并可能得到发展。所以，情感是长期的、稳定的。情绪和情感的区别是相对的，有时人的情感也可能以强烈、鲜明的体验表现出与人的自然需要相联系的情绪，而情绪长期积累，就会转化为情感。在日常生活中，情绪和情感并没有严格的区别，情绪通常都是作为一般情感的同义语来运用的。

（三）情绪、情感的两极性

人的情绪、情感是多种多样的，把情绪和情感的表现形式分为最基本的两类，即所谓情绪情感的两极性。其表现形式有以下几个方面：

1. 肯定性和否定性的两极对立

例如，满意和不满意，快乐和悲哀，敬慕和蔑视，热爱和憎恨，兴奋和烦闷，轻快和沉重等等。当然，构成肯定或否定这一种两极的情绪情感不是绝对互相排斥的，对立的两极性在一定条件下可以互相转化。如"乐极生悲""苦尽甘来"。

2. 积极（增力的）和消极（减力的）的对立

积极的情绪如愉快、热情等能够增强人的活动能力，促使人去积极地行动。消极的情绪如烦恼、不满等能降低人的活动能力。在有些情况下，同一情绪可以既有积极的性质又有消极的性质，例如，在危险情境下产生的恐惧情绪，既会抑制人的行动，减弱人的精力，又可以驱使人动员自己的能量同危险情境作斗争。

3. 紧张和轻松的对立

紧张和轻松一般与人所处的情境、面对的任务、对个人需要的影响等相联系。当人所处的情境直接影响到个人重大需要的满足，以及面临重大任务需要完成时，人们的情绪就会紧张起来。相反，则比较轻松。一般来说，紧张的情绪与人的活动的积极状态相联系，人们进行的任何活动，都需要激发起一定紧张度的情绪。否则，情绪处在很低的水平而松松垮垮，甚至处在半睡状态，是无法适应任务和活动的要求的。但过度的紧张情绪也会引起抑制，造成心理活动的干扰和行为的失调。

4. 激动和平静的对立

激动的情绪表现为强烈的、短暂的，然而是爆发式的心理体验，如激愤、狂喜、绝望。激情的产生，往往与人们在生活中占重要地位、起重要作用的事情的出现有关，而且这些事件违反原来的意愿并以出乎意料的形式出现。与激动的情绪相对立的是平静的情绪。人们在大多数情况下是处在平静的状态之中的，在这种状态下，人们能从事持久的智力活动。

5. 强与弱的两极性

许多类别的情绪都有由弱到强的等级变化。如从微弱的不安到强烈的激动，从愉快到狂喜，从担心到恐惧等。情绪的强度越大，人自身被情绪卷入的程度越大。情绪的强度决定于事件和活动对人意义的大小，以及人的既定目的和动机是否能够实现。上述每一对对立的情绪之间，都存在强度不同的中间情绪状态，如非常满意与非常不满意之间有很满意、满意、不满意、很不满意。情绪情感的两极性是相辅相成的，没有满意，就无所谓不满意；没有快乐，就无所谓悲伤；没有紧张，就无所谓轻松；没有爱，就无所谓恨。所有情绪情感的两极性是相互联系的，同时也可以在一定条件下相互转化。

（四）情绪、情感的分类

情绪和情感是作为对事物的一种反映形式存在的，由于世界上事物的丰富多样，构成了人与客观事物之间关系的丰富多样，使情绪、情感产生了极为丰富和复杂的内容。为了便于理解和把握，根据情绪和情感的性质、状态及包含的社会内容，可以有以下三种不同的分类。

1. 根据性质分类

（1）快乐

快乐是一种在追求并达到所盼望的目的时所产生的情绪体验。比如，人们在旅游中一路顺利，欣赏到优美的自然风光，参加富有情趣的活动，就会产生愉快和快乐的情绪体验。快乐的程度取决于愿望的满足程度和满足的意外程度。快乐的情绪从微弱的满意到狂喜，分成一系列程度不同的级别。

（2）愤怒

愤怒是由于妨碍目的达成而造成紧张积累所产生的情绪体验。比如，人们外出旅游时交通工具出故障，或者飞机不按时起飞、火车不正点到站等等，都能引起人们的不满情绪。如果旅游工作者不能及时地化解这种不满情绪，或者对游客的询问置之不理甚至不屑一顾，就会引起游客的愤怒。愤怒的程度取决于对妨碍达到目标的对象的意识程度。愤怒从弱到强的变化是：轻微不满—愠怒—怒—愤怒—暴怒。

（3）恐惧

恐惧是企图摆脱危险情境时产生的情绪体验。引起恐惧情绪的重要因素是缺乏处理可怕情境的能力。比如，单独一个人到人迹罕至的地方去探险，如果中途迷路或遇见可怕的情景，他就会体验到恐惧。消除恐惧情绪要靠镇定和勇敢，以及战胜一切困难和危险的信念。

（4）悲哀

悲哀是指失去自己心爱的对象或自己所追求的愿望破灭时所产生的情绪体验。比如,游客由于一时疏忽或其他原因，把一路上的旅游风光照片丢失，他的悲哀可想而知。悲哀的程度取决于所失去的对象和破灭的愿望对个人或社会的价值的大小。悲哀按程度的差异表现为失望—遗憾—难过—悲伤—哀痛。

（5）喜爱

喜爱是指对象满足需要而产生的情绪体验。喜爱表现为接近、参与、欣赏或获得。事物、活动、艺术品和人都可以是人们所喜爱的对象，引起人们喜爱的情绪体验。

2. 根据发生的强度、速度、持续时间分类

（1）心境

心境是一种比较微弱、平静而持续一定时间的情绪体验。它平静而微弱，持续而弥散。心境由于有弥散的特点，所以，某种心境在某一段时间内影响着一个人的全部生活，使人的语言、行动及全部情绪，都染上了这种心境的色彩。一个人在愉快、喜悦的心

境中，仿佛一切都染上了“快乐的色彩”，看什么都那么顺眼，对一切都感到是满意的。而处在忧愁悲伤心境中的人，在一段时间里就表现得无所不悲，仿佛一切都染上了“忧伤的色彩”。心境的特点是不具有特定的对象，即不是关于某一事物的特定的体验，它是具有弥散性的情绪状态。

心境分为暂时心境和主导心境两种。由当前的情绪产生的心境，叫暂时心境。例如，人们在欣赏艺术表演时会产生愉快的心境，当演出结束后，这种心境还会持续一段时间，但不会很长。随着其他情境和事物的出现，这种心境就会逐渐消失。由一个人的生活道路和早期经验所造成的个人独特的、稳定的心境，叫做主导心境。主导心境是以一个人生活经验中占主导地位的情感体验的性质为转移。主导心境决定着一个人的基本情绪面貌。一个具有良好主导心境的人，总是朝气蓬勃，具有乐观的情绪，对这样的人，别人就比较愿意并容易和他交往。一个具有不良主导心境的人，就会经常表现为失望、忧愁和情绪消沉，别人也不太容易和他交往。但是，对主导心境不好的人，更需要给以热情的关心、帮助并予以谅解。心境的产生总是有原因的，其原因也是多种多样的。个人生活中的重大事件，事业的成败，工作的顺利与否，与周围人相处的关系等都能引起某种心境。此外，有机体的健康程度，时令季节的变化等自然界的事物，甚至记忆中的事物的回忆有时也会影响一个人的心境。

（2）热情

热情是一种强有力的、稳定而深厚的情绪体验。热情有两个基本特征：第一，热情是强有力的，它影响人的整个身心，是鼓舞人去行动的巨大力量；第二，热情是深厚的、稳定而持久的，它使人长久地、坚持不懈地去从事某种活动，并对这种活动产生愉快、满意等积极肯定的情感体验。

（3）激情

激情是一种猛烈的、迅速爆发而短暂的情绪体验。例如，狂喜、恐惧、绝望等，都属于这种情绪状态。激情是由对人具有重大意义的强烈刺激所引起的，这种刺激的出现往往出人意料。激情发生时伴有内部器官的强烈变化和明显的表情动作。如愤怒时，紧握拳头，全身发抖；恐惧时，毛骨悚然，面如土色；狂喜时，手舞足蹈，欢呼雀跃。

激情有积极和消极之分。积极的激情与理智和坚强的意志相联系，它能激励人们克服艰险，成为正确行动的巨大动力。如运动员参加国际性比赛时，为国争光，打出国威，夺取胜利，这就是激励他们力量的源泉。而消极的激情对有机体活动具有抑制作用，这使人的自制力显著降低。如在绝望时目瞪口呆，呆若木鸡，或者引起冲动的行动，如打人，摔东西等。

3. 根据情感的社会内容的性质分类

人的情感是多种多样的，其中有一类是与人的社会需要直接有关的，由人的社会需要是否获得满足而产生的情感，主要有品德感、理智感和美感。这种情感是人对社会生活现象与人的社会需要之间的关系的反映。

(1) 品德感

品德感是人们根据一定的品德标准，评价自己和别人的言行、思想、意图时产生的情感体验。品德感是对客观对象与一个人所掌握的品德标准之间关系的心理体验。当思想、行为符合这些标准时，就产生肯定的情感体验，感到满意、愉快，反之，则痛苦不安。当别人的思想、意图和行为、举止符合这些标准时，就对他肃然起敬，反之，则对他产生鄙视和愤怒的情感。例如，看到或听到别人做了一件好事，我们就会对此发生一种复杂的情感：对做好事的人，有一种敬慕之感；和自己的行为一比，有一种惭愧之感，这就是一种品德感。或者，自己做了好事，感到安慰；做了坏事，感到后悔、内疚，甚至痛恨自己，这也是品德感。品德感取决于复杂的情感对象是否符合我们的品德信条，它具有一定的稳定性。

(2) 理智感

理智感是由客观事物间的关系(包括由别人揭露出或由自己揭露出的)是否符合自己所相信的客观规律所引起的情感。客观事物所表现出来的关系，如果出乎自己所相信的客观规律之外，就会感到困惑不解，甚至痛苦。如果别人发现的客观规律与自己所相信的不符，或自己不懂，也会感到痛苦。在这些情况下，都会感到不愉快。经过调整，消除了认识上的矛盾，才能感到愉快。人在认识过程中有新的发现，会产生愉快和喜悦的情感；在不能作出判断而犹豫不决时，会产生疑惑感；在科学研究中发现未知的现象时，会产生怀疑感或惊讶感；在解决了某个问题而认为依据充分时，会产生确信感，等等，这些情感都属于理智感。理智感是在认识事物的过程中产生和发展起来的，它是认识活动的一种动力。热爱真理、追求真理，是发展认识和科学研究的重要条件之一。所以，当一个人的科学活动与深刻的理智相联系时，往往会在科学上作出应有的成就。

(3) 美感

美感是对客观现实及其在艺术中的反映进行鉴赏或评价时所产生的情感体验。美感是由一定的对象引起的，美感的对象包括自然界的事物和现象、社会生活和社会现象以及各种艺术活动和艺术品。美感受对象的外在形式的特点的重要影响，同时受对象的内容制约。美感还受人的主观条件的影响。人们的审美需要、审美标准、审美能力不同，对同一个对象的美感体验就不同。同一个对象，有的人感觉是美的，有的人不认为美，就是由于受审美标准和对美的鉴赏能力的影响。

爱美之心，人皆有之。在人类长期的生活实践中，人的爱美之心在不断的演化过程中已沉淀为人的一种本能，支配着人的行为。旅游是一种综合性的审美活动，它集自然美、社会美、艺术美于一身，能极大地满足人们的审美需求。虽然旅游者由于文化背景、社会地位、生活阅历等存在着很大的差异，但审美动机始终贯穿在旅游活动的全过程之中。

案例分析

是情绪支配认识，还是认识支配情绪?

我们介绍一个相关实验。两只猴子分别被困在能通电的架子上。一个架子是有一个杠杆，猴子每蹬一下，电流中断20秒。猴子为了避免受电击，就必须不断地蹬杠杆，否则就会受电击。另一个架子则没有杠杆，这只猴子只能被动地忍受电击。由于两个架子的电流是串联的，所以，两只猴子受电击的机会相等。长期、剧烈的情绪紧张、焦虑能引起生理疾病，例如，胃溃疡。过了一段时间检查发现，两只猴子都得了胃溃疡。但蹬杠杆的那只猴子胃溃疡严重，而无可奈何的那只猴子胃溃疡反倒轻些。化验两只猴子的尿，也得出同样的结论。

分析提示

造成这种结果的原因是这样的：在主动的状态下，认知成分多，为了避免受电击，其注意力要时刻保持高度集中，精神和肉体总是处于紧张状态，导致其焦虑水平高，因而对生理的影响大。那只被动的猴子则因为无力自救而无须付出更多的精力和体力，结果焦虑水平低，对生理影响小。许多研究和常识都告诉我们，情绪对认识产生影响，这个实验则告诉我们认识同样对情绪有很大影响，同时，情绪有相应的生理反应。同样强度的痛苦刺激，若对其强度有准确的预知，比没有预知引起的焦虑弱。换句话说，即将到来的痛苦刺激的不确定性越大，焦虑越强。

4. 情绪的表现

人的情绪情感在外界环境的刺激下会发生各种变化，同时伴有相应的外部表现。情绪发生时表现在身体外部的生理变化也叫表情。表情在社会生活中起着很大的作用，它是表达心理、交流心理的重要手段。虽然人们表达心理、交流心理的主要手段是语言，但在某些情况下，表情比语言还重要。因为有些心理状态是无法用语言来表达的。比如，我们有时听人说某某人实在“太那个了”，这就是用语言说不出来的表现。有时人们心口不一，例如，口是心非现象，心里反对，嘴里赞成。巧言令色在人类而言是一种经常性的行为，察言观色则可以发现真实的心理状态。语言可以把心理状态掩蔽起来，表情却不容易掩蔽。比如，服务人员嘴里说全心全意为客人服务，但在实际工作中如果流露出不耐烦或不屑一顾的表情，那么客人肯定能觉察出来的。对人类来说，表情和动作的效用是很大的。在一般情况下，一个正常的成年人能够根据对方的表情、动作来判断他的心理的。关于表情，进化论的首创者达尔文有过细微的观察。他写过一本书叫做《人类和动物的表情》，他用进化论的观点来说明表情的效用。他认为表情在动物的进化上，是它们生存竞争与适应环境的手段之一。按照达尔文的观点，无论动植物的形态结构或机能，都是有利于它们个体生存和种族延续的。诸如植物的形状、颜色，动物的动作，都有利于它们适应环境。凡是无利的方面，就逐渐被淘汰；而有利的方面则越来越发达。他认为表情也是如此。表情不是一种无关重要的、偶然的附带现象，它和动物的其他活动一样，有生存竞争的意义。人类的表情虽然还有动物表情遗留的痕迹，但已不像动物表情那样，对适应环境起直接的作用。人类的表情是复杂而细腻的，它可表达种种心理内容，还可表达语言不能表达或不便表达的心理活动。我们知道，情绪的变化会引起机体的生理变化及表情动作的变化，因此可以通过测量机体的生理变化和观察表情变化，间接地去了解别人的情绪。人在发生情绪变化时，会引起呼吸系统、循环系统及生物电的变化，利用现代医学仪器，通过测量呼吸、心跳、血压、脑电图等的变化，可以了解人的情绪变化。与人的情绪变化有关的表情有以下几种：

(1) 面部表情

不同的情绪状态下有不同的面部表情：

高兴的表情——眉开眼笑、满面红光；

羞怯的表情——面红耳赤、眼光避开；

愤怒的表情——脸上青筋暴露、眼光灼灼逼人。

面部表情一是看眼睛，一是看面部大肌肉群的运动。仅眼光就有好多种：友好的眼光、温和的眼光、探究的眼光、怀疑的眼光、贪婪的眼光、放肆的眼光等。实验证明，人在看到喜爱的对象时瞳孔放大，眼睛发亮。

(2) 身段表情

身体的姿态是表达情绪的一种方式，其中以手、足的动作最明显。

高兴时——手舞足蹈、拍手鼓掌；

懊恼时——捶胸顿足；

焦急时——两手相搓。

值得注意的是，不同民族、不同文化背景的人，在面部表情上大体一致，而在身段表情上存在差别。例如，有的国家摇头表示赞成，点头表现反对。

(3) 言语表情

情绪在言语的音调、强度、节奏和速度方面会表现出来，称为言语表情。说话时细声细语，有气无力或嗓门大开，就表现出不同的情绪状态。

高兴时——音调比较高、速度比较快、语音高低差别比较大；

悲哀时——音调低、缓慢，语调高低差别比较小；

愤怒时——音调比较高、速度特别快。

（五）情绪、情感的作用

1. 情绪和情感对体力的影响

情绪、情感的作用在范围和效果上都是很大的。例如，影响人的生理，包括体力、器官的功能，还能引发器质性病变。我国学者的一个实验（柴文袖等，1984 年）证明了这一点。通过鼓励带来的积极情绪和挫折所带来的消极情绪，看对 400 米径赛所起的增力和减力作用，被试者为 11 ~ 15 岁的男女学生，实验结果发现，鼓励有显著的增力作用，尤其对女学生影响更加明显。

2. 情绪和情感对认知能力的影响

情绪、情感对人的外在行为和内在认知构成巨大影响，在此我们着重就情绪情感对认知的影响进行探讨。心理学家曾就不同情绪状态对智力操作的影响进行了研究，结果发现，不同的情绪状态（愉快或痛苦）对操作效果的影响有显著差异。愉快组在操作时间、直接抓取和注视不动等三项指标上都比痛苦组成绩好。即使是在同一情绪状态下，由于强度不同，操作效果也不同，即愉快强度过高和过低时的操作效果不如强度适中时好。但是，痛苦的强度越大，操作效果越差。根据耶克斯-多德森定律（Yerks - Dodson Law），操作与激动水平之间呈曲线关系，这种曲线关系又随操作的难易和情绪的高低而发生变化。解决困难的代数问题的最佳状态是激动水平较低；解决难度适中的基本算术技能的最佳状态是中等激动水平；简单反应时的最佳状态是较高的激动水平。

泽尔勒（Zeller）就情绪对学习的影响进行了实验研究，A、B 两组学习能力相等的大学生学习无意义音节，同时排列方块，然后测验他们对所排列图形的记忆效果。当 A 组测验时，给予赞美的评语，并让他们继续学习无意义音节；B 组学生则受到严厉批评，并继续学习无意义音节。结果发现，B 组学生方块测验的成就越来越差，无意义音节的学习效果也大大降低；而 A 组学生的积极性高涨，学习效率大大提高。可见，愉快的情绪能使人的大脑处于最佳活动状态，在愉快状态下学习效率和记忆效果好，相反，在痛苦不安的情绪状态下学习和记忆的效果不好。当一个人面临有问题的情境时，他必然会产生各种各样的情感和动机状态，而这些状态又必然影响他解决问题的效果。

曾有心理学家设计了这样的一个问题，要被试者找出一个原则，它支配着怎样指出一系列的数目中唯一应称为“正确的”这个数字。（其原则是选择数目中最后一个数字，而这个数目是由只是三个连续数字组成的。）但是，他的被试者有半数是初次遇到类似的问题，而实际上不可能从中找出一个正确的原则。在着手解决真正可以解决的问题之前，“失败”的一组在这个令人挫折的课题上工作了 12 分钟，而控制组（被试者的另一半）一开始就遇着可以解决的真正的问题。控制组的被试者中有 49% 在指定的时间内解决了问题，而失败的一组则只有 32% 的人能够做到。这个结果也许并不奇怪，有大量的证据说明，智慧能力常因失败而受到损伤。实验的情境中有一些事实证明，被测验者的智慧由于暂时失败的情境而确实降低了。有一部分的儿童随着他们年龄的增长，其智商分数继续下降。其中一部分原因是学校功课经常失败，而家庭、学校与整个社会都没有及时提供适当的智慧练习与鼓励。保加利亚心理学家洛扎诺夫（G. Lozanov）创立了洛扎诺夫教学法，这种方法也叫做愉快教学法。洛扎诺夫把教室布置得幽静、光线柔和、桌椅舒适。学习内容多以会话、游戏和短剧等形式出现，在学生学习时播放节奏舒缓、优美和谐的音乐，如欧洲古典音乐、钢琴曲、大提琴以及弦乐协奏曲等。结果表明，在这种气氛适当，环境舒适，学生轻松愉快的条件下的教学效率比传统教学高25倍，每课时能记住50~500个生词，记忆效率达93%以上。洛扎诺夫认为，一种具有特殊节奏的特殊形式音乐，可以导致人体的放松，而且同时诱导大脑处于机敏状态。他指出，学习"要在意识和潜意识之间建立联系，帮助将信息传递到大脑内部，这样指令才能得到执行"。总之，愉悦的情绪对学习有促进作用；痛苦等消极的情绪对学习起阻碍作用。动机太强不仅会导致紧张，也会使解决问题的效率降低。

心理学家伯奇研究了年轻黑猩猩的动机与解决问题之间的关系。黑猩猩被关在一只笼子里，笼子外有食物，它可以用棍棒把食物钩进来。伯奇设计了三种问题情境：在情境一中，棍棒与食物都在近处，也就是说，用棍棒可以直接够到食物：在情境二中，猩猩面向食物，棍棒就在它的背后：而在情境三中，猩猩必须从它的后面取一只短棍，用它挑起一条系在长棍上的绳索，用绳索拉进长棍，然后用长棍把食物扫进来。动机的强度是随实验以前剥夺其食物时间的长短而异的，其差别为2,6,12,24,36,48小时。伯奇的实验结果是：当动机很弱的时候，猩猩很容易被无关的因子引到问题以外，趋向于无目的的行动。而在动机非常强烈的情况下，猩猩则集中注意于目的物，而把情境中其他的、对于解决问题却很重要的特点都排除在外。还有，累次失败挫折的反应，当某种刻板模式的反应已证明无效时，例如，发脾气，尖声喊叫，都妨碍猩猩作解决问题的努力。只有在动机强度中等的情况下，猩猩才不会为取得食物的欲望所支配，因而能对情境中其他适当的特点作出反应。解决问题和动机强度的关系，可以描绘称一条"倒转的U型曲线"。也就是说，问题解决者动机强度的增加，他解决问题的效率也随之增加，直至达到一个最高点，超过这一最高点解决问题的效率就开始下降。

二、旅游者的情绪、情感

旅游行为是旅游者在旅游活动过程中满足某种需要的社会性活动。旅游者的情绪、情感影响着旅游者的行为，而旅游者的行为也受到情绪、情感的影响，二者具有相互制约的互动关系。

（一）影响旅游者情绪、情感的因素

旅游者在旅游活动中所接触到的一切，都会引起情绪和情感的变化。具体说来，影响旅游者情绪、情感的因素主要有以下几个方面：

1. 需要是否得到满足

人们外出旅游就是为了满足某种需要，比如，为了身体健康的需要、为了获得知识的需要、为了得到别人的尊重，等等。需要是情绪产生的主观前提，人的需要能否得到满足，决定着情绪的性质。如果旅游能够满足人们的需要，旅游者就会产生积极肯定的情绪，如高兴、喜欢、满意等。如果旅游者的需要得不到满足，就会产生否定的、消极的情绪，如不满、失望等。

2. 活动是否顺利

需要是动机的基础，为了满足需要，人们在动机的支配下产生行动，不仅行动的结果产生情绪，而且在行动过程中是否顺利也会引起不同的心理体验。在整个旅游过程中如果一切活动顺利，旅游者就会产生愉快、满意、轻松等情绪体验；如果活动不顺利，旅途或游览过程中出现这样或那样的差错，旅游者就会产生不愉快、紧张、焦虑等情绪。旅游者在旅游过程中的情绪表现，我们应当特别加以注意。因为旅游活动进程本身就是一个很好的激励因素，其中就有情绪的产生，并反过来对旅游活动的继续产生积极或消极作用。

3. 客观条件

客观条件是一种外在刺激，它引起人的知觉从而产生情绪、情感体验。旅游活动中的客观条件包括游览地的旅游资源、活动项目、接待设施、社会环境、交通、通信等状况。此外，地理位置、气候条件等也是影响旅游者情绪的客观条件。比如，优美的自然景色使人产生美的情感体验，整洁的环境使人赏心悦目；脏乱的环境、刺耳的噪音，使人反感、不愉快。

4. 团体状况和人际关系

旅游者所在的旅游团队的团体状况和团体内部的人际关系也能对旅游者的情绪产生影响。一个团体中成员之间心理相容，互相信任，团结和谐，就会使人心情舒畅，情绪积极；如果互不信任，互相戒备，则会随时都处在不安全的情绪之中。在人际交往中，尊重别人，欢迎别人，同时也受到别人的尊重和欢迎，就会产生亲密感、友谊感。

5. 身体状况

旅游活动需要一定的体力和精力作保证。身体健康、精力旺盛，是产生愉快情绪的原因之一。身体健康欠佳或过度疲劳，容易产生不良情绪。因此，旅游工作者应该随时注意游客的身心状态，使其保持积极愉悦的情绪，以保证旅游活动的正常进行。

（二）旅游者情绪的特征

旅游者在旅游活动过程中的情绪具有以下几个方面的特征：

1. 兴奋性

从某种意义上说，旅游是人们离开自己所居住的地方，到别处去过一段不同于日常生活的生活。因此，外出旅游就给旅游者带来了一系列的改变：改变环境、改变人际关系、改变生活习惯、改变社会角色等。这种改变在给旅游者带来新奇的同时，还给他们带来情绪上的兴奋。这种兴奋性常常表现为"解放感和紧张感两种完全相反的心理状态的同时高涨"。外出旅游使人们暂时摆脱了单调紧张的日常生活，现实生活中的对人的监督控制，在某种程度上也有所减轻，这给人们带来了强烈的解放感。另外到异地旅游可能接触到新的人和事物，对未知事物和经历的心理预期使人感到缺乏把握感和控制感，人们难免会感到紧张。无论"解放感"或"紧张感"其共同特征是兴奋性增强，外在表现为兴高采烈和忐忑不安。

2. 感染性

旅游活动是一种高密度、高频率的人际交往活动。在这种交往活动中，既有信息的交流和对象的相互作用，同时还伴有情绪状态的交换。旅游服务的情绪情感含量极高，以至被称为"情绪行业"。在旅游活动中，旅游者和旅游工作者的情绪都能够影响到别人，使别人也产生相同的情绪。一个人的情绪或心境，在与别人的交往过程中，通过语言、动作、表情影响到别人，引起情绪上的共鸣。比如，旅游中导游讲解时的情绪如果表现出激动、兴奋、惊奇等，游客就会对导游的讲解对象表现出极大的兴趣；如果导游表现得厌烦、无精打采，游客肯定会觉得索然无味。反过来也是一样，游客的情绪也会影响导游的情绪。

3. 易变性

在旅游活动中，旅游者随时会接触到各种各样的刺激源，而人的需要又具有复杂多变的特点，因而旅游者的情绪容易处于一种不稳定的易变状态。比如，旅游者对某个景物在开始的时候，可能感到新奇，情绪处于积极状态，兴致很高。在到达顶点之后，接着便可能由激动趋向平静，兴致会逐渐减退。再后来如果感到疲劳的话，他甚至会感到厌倦。因此，旅游工作为了尽可能地满足每个人的需要，使个人的情绪能保持积极的状态，就必须随时观察旅游者的情绪反应。

（三）情绪情感对旅游者行为的影响

人的任何活动都需要一定程度的情绪和情感的激发，才能顺利进行。情绪情感对旅游者行为的影响，主要表现在以下几个方面：

1. 对旅游者动机的影响

动机是激励人们从事某种活动的内在动力，人的任何行为都是在动机的支配下产生的。因此，要促使人们产生旅游行为，首先要激发人们的旅游动机。而喜欢、愉快等情绪可以增加人们活动的动机，增加作出选择决定的可能；消极的情绪会削弱人们从事活动的动机。

2. 对活动效率的影响

人的一切活动，都需要积极、适宜的情绪状态，才能取得最大的活动效率。从情绪的性质来讲，积极的情绪，如热情、愉快，可以激发人的能力，助长动机性行为，提高活动效率；而消极的情绪，如烦恼、悲哀、恐惧等，则会降低人的活动能力，导致较低的活动效率。从情绪的强度讲，过高或过低的情绪水平都不会产生最佳的活动效率。因为过低的情绪不能激发人的能力，而过高的情绪会对活动产生干扰作用。

3. 对人际关系和心理气氛的影响

人在良好的情绪状态下，会增加对人际关系的需要，对人际交往表现出更大的主动性，并且容易被别人接纳，愿意与之交往。因此，在旅游活动中，旅游工作者应该细心观察旅游者的情绪变化，主动引导他们的情绪向积极方向发展，并利用情绪对旅游者行为的影响作用，协调旅游者与各方面的人际关系，创设良好的心理气氛，达到旅游服务的最佳境界。

案例分析

两个热恋中的情侣在即将举行婚礼的前几天相偕看歌剧。正在演出时，忽然嗅到燃烧的气味，有人大喊“着火了”！引起人们极大恐慌，人们蜂拥而出，互相推搡践踏而浑然不觉。男青年以年轻之优势越过人们的头顶逃到街上，这时他忽然想起女友，但想挤回去是不可能的了。他只能焦虑万状地等待，直到人们都走散了，女友才走出门来。当她经过他身边时根本没有看他一眼，他也只能满脸羞愧地无言而对，二人从此再也没见面。

分析提示

恐慌情绪是人们企图摆脱危险情境时的情绪体验，在群体状态中感染性非常强(当然，这其中也有从众现象)。事情发生的当时人们都处于恐慌之中，恐惧唤起人的求生本能，整个意识只有一个意念——逃跑。这种状态下出现的意识狭窄和意念、目标的专一，通常会使人处于心无旁骛的状态。此时男青年没有想到女友就不足为奇了。如果说普通情况下危险时只顾自己逃命可以谅解，但他连热恋中的女友都想不到，则是无法让人接受的。他的行为可以理解但不能谅解。如果他的心理素质好，如果他认同“生命诚可贵，爱情价更高”，他就不会只顾自己逃命。

三、自我控制

在日常生活中，情绪好像是一种很难控制的东西，很可能因为一件小事激起我们很强的情绪，也可能在不知不觉中销声匿迹——这么一个来无影去无踪的孙行者，我们真的能控制它吗？如果把情绪及其相应行为的产生看作一个过程的话，那么在整个过程中我们都可以发挥主观能动性，不让情绪肆虐，而去理智地操控它。

（一）自我控制的概念

自我控制是在自我评价的基础上，在自我体验的影响下，人们对自己的行为、思想、言语以及与他人关系的调节和控制。它是人所特有的，以自我意识的发展为基础，以自身为对象的人的高级心理活动。个体的活动就其对象而言有两种：一是针对客观世界的，另一种是针对主观世界的。个体对主观世界的控制是运用符号工具，通过自我意识从而达到对自身心理与行为的控制。自我控制水平的高低不但与人格品德修养有关，也与人际关系状况有关，并直接影响人际关系的维护和发展。

美国密歇根大学心理学家南迪·内森的一项研究发现，人的一生一般平均有十分之三的时间处于情绪不佳的状态，因此，人们常常需要与那些消极情绪作斗争。人的情绪有两种——消极的和积极的，我们的生活离不开情绪，它是我们对外界正常的心理反应。我们所必须做的只是不能让我们成为情绪的奴隶，不能让那些消极的心境左右我们的生活。

（二）提高自我控制的方法

消极情绪对我们的健康十分有害，科学家们已经发现，经常发怒和充满敌意的人很可能患有心脏病，哈佛大学曾调查 1 600 名心脏病患者，发现他们中经常焦虑、抑郁和脾气暴躁者比普通人高三倍。因此，可以毫不夸张地说，学会控制你的情绪不仅是你职业和事业的需要，也是你生活中一件生死攸关的大事。

①加强思想修养。人的自制力在一定程度上取决于他们的思想素质。一般来说，具有崇高理想抱负的人决不会为区区小事而感情冲动产生不良行为。因此，要提高自制力最根本的方法是树立正确的人生观、世界观，保持乐观向上的健康情绪。

②提高文化素养。一般来说，一个人的文化素养同其承受能力和自控能力成正比。文化素质比较高的人往往能够比较全面正确认识事物，认识自我和他人的关系，自觉地进行自我控制、自我完善。

③稳定情绪。用合理发泄、注意力转移、迁移环境等方法，把将要引发冲动的情绪宣泄和释放出来，保持情绪稳定，避免冲动。

④要强化自我意识。遇事要沉着冷静，自己开动脑筋，排除外界干扰或暗示，学会自主决断。要彻底摆脱那种依赖别人的心理，克服自卑，培养自信心和独立性。

⑤要强化实践锻炼。一方面要加强学习，积累知识，开阔视野，用知识来武装和充实自己，提高自己分析问题和解决问题的水平，并通过学习别人经验来扩展自己决断事情的能力；另一方面，要积极投身到生活实践中去，刻苦锻炼，不断丰富经验，提高自己的适

应能力。

⑥要强化意志力量。要培养自己性格中意志独立性的良好品质。对自己奋斗的目标要有高度的自觉。只要你经过自己的实践认准的事,就应义无反顾地走下去,想方设法达到预期目的。不必追求任何事情都做得十全十美,不必苛求自己没有一点失败,不必过多地注意别人怎样议论你。

⑦调整好需要结构。当需要不能同时兼顾时,抑制一些不可能实现的需要。如古人所云:"鱼我所欲也,熊掌亦我所欲也,两者不能得兼,舍鱼而取熊掌也。"

⑧要强化积极思维。俗话说:"凡事预则立,不预则废。"平时注意经常思考问题,增强预见性,关键时刻才能及时、果断、准确地做出选择。

【计划、决策与实施】

<table>
<tr><td>学习情景一</td><td colspan="4">旅游服务人员心理认知与保健</td></tr>
<tr><td>工作过程二</td><td colspan="4">情绪、情感与自我控制</td></tr>
<tr><td>学生行为</td><td colspan="4">进行成员任务分配,制订工作计划,讨论计划的科学合理性,完善计划并做出最终决策。通过查阅互联网、相关书籍或知识链接资料,搜集自我情绪控制的资料等实施决策,深入认识自我情绪控制在社会生活中的重要性,能够在课后有效控制自己的情绪,对自我控制进行总结</td></tr>
<tr><td>教师行为</td><td colspan="4">督导学生分组讨论,审核工作计划,提出修改建议,引导学生做出正确的决策,对学生的具体分析和完成各项任务进行答疑与督导,并观察学生的表现</td></tr>
<tr><td rowspan="11">计划、决策与实施</td><td>序号</td><td>实施步骤</td><td>操作要领</td><td>参考资料详细地址</td></tr>
<tr><td>1</td><td></td><td></td><td></td></tr>
<tr><td>2</td><td></td><td></td><td></td></tr>
<tr><td>3</td><td></td><td></td><td></td></tr>
<tr><td>4</td><td></td><td></td><td></td></tr>
<tr><td>5</td><td></td><td></td><td></td></tr>
<tr><td>6</td><td></td><td></td><td></td></tr>
<tr><td>7</td><td></td><td></td><td></td></tr>
<tr><td>8</td><td></td><td></td><td></td></tr>
<tr><td>9</td><td></td><td></td><td></td></tr>
<tr><td>10</td><td></td><td></td><td></td></tr>
<tr><td>组长签字</td><td colspan="2"></td><td>组　别</td><td></td></tr>
<tr><td>教师签字</td><td colspan="2"></td><td>日　期</td><td></td></tr>
</table>

【评价、检查与反馈】>>>

<table>
<tr><td>学习情景一</td><td colspan="6">旅游服务人员心理认知与保健</td></tr>
<tr><td>工作过程二</td><td colspan="6">情绪、情感与自我控制</td></tr>
<tr><td>学生行为</td><td colspan="6">1. 对情绪、情感和自我控制工作任务完成情况进行自我检查和反思，填写检查表。
2. 能利用所学的理论知识进行自我情绪控制，总结学习中的收获与体会，进行自我评价，并对本小组的成员表现进行逐一评价，填写评价单和学习反馈单</td></tr>
<tr><td>教师行为</td><td colspan="6">听取学生成果汇报，检查学生学习任务完成情况，并指出不足及修改建议，对学生的学习表现进行评价，通过学生教学反馈总结教学的不足，制订工作改进计划</td></tr>
<tr><td rowspan="17">评价</td><td>评价类别</td><td>项目</td><td>子项目</td><td>个人评价</td><td>教师评价</td><td>组内互评</td></tr>
<tr><td rowspan="10">专业能力（60%）</td><td rowspan="2">资讯（15%）</td><td>搜集信息查找资料(5%)</td><td></td><td></td><td></td></tr>
<tr><td>引导问题回答(10%)</td><td></td><td></td><td></td></tr>
<tr><td rowspan="4">计划实施（20%）</td><td>工作流程的正确性(2%)</td><td></td><td></td><td></td></tr>
<tr><td>方案设计科学性(3%)</td><td></td><td></td><td></td></tr>
<tr><td>实施操作正确性(10%)</td><td></td><td></td><td></td></tr>
<tr><td>知识的运用(5%)</td><td></td><td></td><td></td></tr>
<tr><td rowspan="2">检查（5%）</td><td>全面性、准确性(3%)</td><td></td><td></td><td></td></tr>
<tr><td>异常情况排除(2%)</td><td></td><td></td><td></td></tr>
<tr><td rowspan="2">结果（20%）</td><td>演示汇报(10%)</td><td></td><td></td><td></td></tr>
<tr><td>知识技能掌握(10%)</td><td></td><td></td><td></td></tr>
<tr><td rowspan="4">社会能力（20%）</td><td rowspan="2">团结协作（10%）</td><td>对小组的贡献(5%)</td><td></td><td></td><td></td></tr>
<tr><td>小组合作配合情况(5%)</td><td></td><td></td><td></td></tr>
<tr><td rowspan="2">敬业精神（10%）</td><td>吃苦耐劳精神(5%)</td><td></td><td></td><td></td></tr>
<tr><td>学习纪律性(5%)</td><td></td><td></td><td></td></tr>
<tr><td rowspan="2">方法能力（20%）</td><td>计划能力（10%）</td><td></td><td></td><td></td><td></td></tr>
<tr><td>决策能力（10%）</td><td></td><td></td><td></td><td></td></tr>
</table>

续表

<table>
<tr><td rowspan="9">检查</td><td>序号</td><td>检查项目</td><td>检查标准</td><td>学生自检</td><td>教师检查</td></tr>
<tr><td>1</td><td>目标认知</td><td>工作目标明确,工作计划周密,具有可操作性</td><td></td><td></td></tr>
<tr><td>2</td><td>理论知识</td><td>基础理论知识的全面掌握</td><td></td><td></td></tr>
<tr><td>3</td><td>基本技能</td><td>能够运用基本的理论进行实践思考、分析、解决问题</td><td></td><td></td></tr>
<tr><td>4</td><td>学习能力</td><td>能在教师指导下,全面掌握相关知识和技能</td><td></td><td></td></tr>
<tr><td>5</td><td>工作态度</td><td>主动参与,积极完成工作任务</td><td></td><td></td></tr>
<tr><td>6</td><td>团队合作</td><td>积极与他人合作,共同完成任务</td><td></td><td></td></tr>
<tr><td>7</td><td>工具运用</td><td>熟练利用资料自学,利用网络进行资料查询</td><td></td><td></td></tr>
<tr><td>8</td><td>任务完成</td><td>保质保量完成任务</td><td></td><td></td></tr>
<tr><td>教学反馈</td><td colspan="5">我对学习本工作过程的意见或建议</td></tr>
<tr><td>组长签字</td><td colspan="2"></td><td>组　别</td><td colspan="2"></td></tr>
<tr><td>教师签字</td><td colspan="2"></td><td>日　期</td><td colspan="2"></td></tr>
</table>

工作过程三　人格与健全人格的培养

【任务布置】>>>

学习情景一	旅游服务人员心理认知与保健
工作过程三	人格与健全人格的培养
教师行为	1. 引导学生明确工作任务及资讯问题,对学生进行随机分组,组成本工作过程的学习小组 2. 讲解人格理论,使学生了解自己人格的形成原因、发展方向,带领学生了解两种人格结构理论,使学生能够了解自身特点

续表

<table>
<tr><td>学生行为</td><td colspan="2">在教师引导下,明确学习任务及要求,分组学习知识链接,查阅资料和文献,找出资讯问题的答案,初步掌握学习内容,能够利用所学知识完成实训项目</td></tr>
<tr><td>工作任务</td><td colspan="2">了解人格的含义和特征,掌握人格形成和发展的因素,熟悉弗洛伊德的人格结构理论和伯恩的PAC分析法,从而对自己的人格有充分的认识</td></tr>
<tr><td rowspan="9">资讯</td><td rowspan="8">资讯问题</td><td>1. 什么是性格</td></tr>
<tr><td>2. 什么是气质</td></tr>
<tr><td>3. 人格包括哪些部分</td></tr>
<tr><td>4. 人格的特征有哪些</td></tr>
<tr><td>5. 简述弗洛伊德的人格结构</td></tr>
<tr><td>6. 简述人格形成与发展的条件</td></tr>
<tr><td>7. 健全人格的标准有哪些</td></tr>
<tr><td>8. 培养健全人格的方法有哪些</td></tr>
<tr><td>资讯引导</td><td>以上资讯问题请查阅本书知识链接,同时参考以下书籍和网页:
1.《梦的解析》,佛洛依德著,安徽文艺出版社,2000 年版。
2.《荣格性格哲学》,荣格著,李德荣编译,九州出版社,2003 年版。
3.《旅游心理》,人力资源和社会保障部教材办公室组织编写,中国劳动社会保障出版社,2008 年版。
4.《旅游服务心理素质与职业发展能力训练教程》,陈定樑著,浙江工商大学出版社,2011 年版。
5.《旅游心理服务与技巧》,人力资源和社会保障部教材办公室组织编写,中国劳动社会保障出版社,2008 年版。
6.《旅游心理学》,黄继元主编,重庆大学出版社,2003 年版</td></tr>
</table>

【知识链接】>>>

我们留心观察周围的人:同样做一件事,有的人做得慢而好,有的人做得快而差,也有人做得又快又好;同样面对一个压力,有人沉着冷静、有人焦虑不安……“人心不同,各如其面”,人与人之间的差异实在是太大了。种群进化程度越高,个体之间的差异越大,可以说人是个体差异最大的一种动物。当然人与人之间也有很多相同的东西,所谓“人同此心,心同此理”。人与人之间的差异性都集中体现在人格上。

在竞争日益激烈的现代社会，身处职场的人们的心理及生理上都发生着深刻的变化，影响着人们的生活，注重个人心理健康，保持良好的的状态显得尤为重要。研究人格的形成与发展，有助于维护和提高旅游企业员工的心理健康水平，能避免和控制各种心理疾病的发生，同时也能更好地把握旅游者的需求差异，预测和调节旅游者行为，提高旅游服务水准。

一、人格概述

（一）人格的含义

人格也被称作个性，人格一词来源于拉丁文 Persona，原意是指演员在舞台上表演所戴的面具，用以表明剧中人的身份，后被心理学所引用。一般把人格理解为一个人的整个精神面貌，即指一个人在先天素质的基础上，在一定社会条件下逐渐形成的，具有一定倾向的比较稳定的心理特征的总和，也表现为一个人与他人相区别的、自成体系的个人行为特征。人格一般具有整体性或统一性、独特性或差异性、稳定性和可变性等基本特征。

（二）人格的特征

1. 人格的整体性

人格是一个统一的整体结构，是人的基本心理面貌。人格的整体性表明组成人格的各方面特点不是彼此分割和孤立的，而是有机地联系在一起，相互作用、相互制约、相互协调。比如一个活跃的人，在认知、情感、意志各方面都会表现出与活跃相协调的特点，从而显现出活生生的、鲜明的特征。

2. 人格的独特性

人格是个体独有的、并与其他个体相区别的整体特性。人的人格特点彼此不尽相同，每个人都有他独有的个人风格和与众不同的特点，即使是再类似的人格也都表现出某些个体的色彩，就像自然界没有两片完全相同的树叶，人世间同样找不到两个人格完全一致的人。比如有的人活泼开朗，有的人谨小慎微，有的人内向愚钝，有的人外向伶俐。正是由于人格的独特性或差异性，世界才显得千姿百态、绚丽多彩。

3. 人格的稳定性和可变性

人格是人的比较稳定的心理倾向和心理特征的总和。在人的行为中，只有比较稳定的、经常表现出的心理倾向和心理特征才能反映其人格，而偶然的、一时的心理特征，不能表征其人格。比如一个处事谨慎稳重的人，偶尔表现出马虎轻率的举动，不能由此说他具有轻率的人格特征，而经常马虎了事、轻举妄动地处理事情，才可以说这个人有草率的毛病。但人格的稳定性是相对的，随着主客观条件的相互作用人格也会发生变化。因此，人格是稳定性和可变性的统一，客观环境和主观条件的变化都会不同程度地影响人格的逐渐改变。

（三）人格的形成与发展

人格是在先天素质的基础上，在一定社会历史条件下，通过社会实践活动逐步形成和发展起来的。

1. 先天素质是人格形成和发展的前提条件

先天素质即是先天遗传的生理素质，是人通过遗传获得的与生俱来的解剖生理特点，主要包括感觉器官、运动器官和神经系统等，特别是大脑的结构和机能特点，是一切心理活动、人格特征产生的物质基础。在日常生活中常会发现，父母亲和子女之间不仅在面孔和体态上相似，而且性格和气质上也接近，这表明遗传对人格的形成具有一定的影响。日常生活中还会发现身材矮小丑陋的人容易产生自卑感，而漂亮聪明的人容易有优越感；神经脆弱的人胆小，缺乏冒险精神，而自主神经系统紊乱的人，往往情绪不稳定。这说明人的遗传基因会在一定程度上影响人格的形成。在日常生活中，有相似遗传素质的人可以形成不同的人格，不同心理条件的人在相同的环境中还可以形成相近的人格，这充分表明先天素质是人格形成和发展的前提条件，是形成人格差异的必要因素，但不是决定因素。

2. 社会因素是人格形成和发展的决定因素

家庭、学校和社会文化是对人格形成和发展起重要影响作用的社会因素。家庭是社会生活的基本单位，社会上各种情况都会通过家庭去影响子女的人格。家庭成员特别是父母，是子女最早的老师，他们的态度、价值观、行为等通过言传身教，直接影响子女的人格形成。比如家庭民主和睦，父母要求子女严格，子女易形成谦虚礼貌、独立坚强、乐观助人的人格品质；家庭溺爱放纵子女，则会养成其任性自私、娇气执拗等不良性格。心理学研究表明，父母的榜样作用、教育方式等，可以在相当程度上决定子女一生人格的发展趋向。学校是通过有目的、有计划、有组织的教学活动向学生施加系统教育的场所。学生在学校学习文化知识，也接受品德准则、社会规范、价值观念和处事原则等，这些都会直接影响学生人格的形成与发展。比如学校强调纪律约束、团结互助、集体主义、爱护公物等，有利于形成责任心、使命感、乐于助人、适应社会的人格。显然，学校教育对青少年学生人格的形成和发展有着深刻的影响。社会文化的影响在人类社会生活中无处不在、无时不有，比如东西方文化背景的差异，导致个体人格的形成与发展上的差别是显而易见的。

3. 社会实践是人格形成和发展的重要途径

人格的形成和发展贯穿于人的整个社会生活实践过程中，在不同的领域、不同的实践活动、不同的场合，人们扮演特定的社会角色，承担一定的社会责任，以符合社会要求的价值观念、态度体系、行为方式从而适应社会环境，同时也形成、发展和改变着自己的人格特征。比如大学生走上工作岗位后，如果各方面关系处理融洽，工作成绩得到肯定，就有助于激发聪明才智，强化积极主动进取的人格特征。综上所述，人格的形成和发展是多种因素综合影响的结果。其中先天素质是前提条件，后天的家庭环境、学校教育、生活实践和社会影响等方面对人的人格心理的形成、发展和变化具有决定性作用。

小思考

“江山易改，本性难移” 对吗？

答：在此处本性可以称为人格。人格是个人在适应环境的过程中所表现出来的系统的、独特的反应方式。它是由个人在其遗传、环境、成熟、学习等因素交互作用下形成的，并具有很大的稳定性。由此我们已经知道了人格一旦形成就很难改变，所以“江山易改，本性难移”是正确的。

二、人格结构

人格具体包括两大组成部分：人格倾向性和人格心理特征。人格倾向性是人进行活动的基本动力，也是人格中最积极最活跃的因素。它决定着人对现实的态度，表明人对认识和活动对象的趋向和选择。人格倾向性包括需要、动机、兴趣、信念和世界观等，其中需要是人格倾向性的源泉，而动机、兴趣、信念是需要的表现形式。人格心理特征是人格结构中的另一个重要部分。它是人的多种心理特征的独特结合，较为集中地反映了人的心理面貌的独特性和个别性。能力、气质和性格是人格心理特征的三个方面，它们在一个人身上有机结合，因人而异。形成了千差万别的人格。

（一）弗洛伊德的人格结构说

本我——本能的我，个体与生俱来的、最原始的人格部分，代表各种生物的、本能的特性。

遵循“快乐原则”，基本是潜意识的。

自我——意识中的我、现实的我。遵循“现实原则”，为本我服务，人格的执行者。

超我——品德的我，是社会行为规范、品德标准社会内化而成。相当于良心、教养、理想自我等。遵循“品德原则”，是人格监督者。人格是由以上三部分组成的一个整体结构。

本我代表本能的力量，超我则是社会规范，两者从根本上讲是相冲突的。

自我的作用就在于协调本我、现实、超我之间的关系，在遵循“现实”和“品德”的原则下，满足本我的要求。自我要为三个主人服务。本我和超我在无意识领域中的冲突不可避免的。健全的本我就是能寻求到某种方式,把这种内心冲突降到最低限度。如果自我功能减弱、人格的三部分失去平衡,彼此相互冲突,则易导致心理变态的发生。

（二）弗洛伊德的人格发展说

精神分析理论关于人格发展有两个前提：① 强调发展，认为成人的性格是由婴幼儿时期的各种经验塑造而成的；② 性力是一生下来就有的、并随着个体心理的发展而发展。性本能又被弗洛伊德称为里比多(libido)。弗洛伊德认为，在儿童发展的不同时期，里比多投放集中于身体不同的特定部位。这些部位对维持生存起着重要的作用，而且也是快乐的来源。按照里比多投放的主要部位，人格的发展可以分为以下五个时期：

1. 口唇期

这是在婴儿生后第一年，里比多重要投放在口唇部位，口唇刺激(吸吮、吃手指、咬东西等）是愉快的来源，因为这样能减轻饥饿产生的紧张，并引起吸吮产生的快感。如果在这个时期内婴儿的口腔活动受到过分的限制，使口唇期本能发展顺利，就会影响以后的发展而产生“滞留现象”。若滞留现象出现在口唇期，将来长大后可能保留下一种“口唇性格”。按照弗洛伊德的说法，具有口唇性格的人，在人格上常偏向悲观、依赖、退缩、猜忌、苛求、甚至对人仇视等性格。

2. 肛门期

儿童从 1 岁到 3 岁，是人格发展的肛门期。幼儿由于排泄粪便解除内急压力所得到的快感经验，因而对肛门的活动产生满足。这个阶段对儿童进行卫生训练很重要，训练的好坏可以影响儿童以后性格的发展。如果训练过分严格，儿童受到威胁恐吓时，可能导致其将来性格冷酷无情、顽固、吝啬、暴躁，甚至生活秩序紊乱。按照弗洛伊德的解释，这种现象是由于肛门期不能顺利发展所产生的滞留作用影响而形成的。因此，弗洛伊德称之为“肛门性格”。

3. 性器期

儿童长到 4、5 岁左右，开始产生恋母(男孩）或恋父(女孩）情结。这一时期的儿童在行为上有了性别之分，并且开始模仿父母中的同性别者，但却以父母中的异性作为爱恋的对象。与此同时，它们惧怕双亲中与自己同性的，“并努力使自己成为双亲中同性的那样，于是就产生自居作用”。这导致儿童采取父亲或母亲的行为和评价。这样，“超我”就发展起来。

4. 潜伏期

弗洛伊德认为，儿童到 6 岁以后，其兴趣不再限于自己的身体，而是注意周围环境中的事物。因此，从儿童性的发展看，6 岁以后进入潜伏期。性潜伏期一直延续到 12 岁左右，这段时间正是儿童的小学阶段。在这一时期，儿童由于生活范围的扩大和接受系统的知识，因而使他们人格中超我的部分得到发展。同时，儿童与异性间的交往比较少，团体活动时常常是男女分开，这种现象一直维持到青春期后才发生转变。

5. 两性期

青春期儿童到了青春期以后，开始对异性产生兴趣，喜欢参加两性组成的活动，而且在心理上逐渐发展而有了与性别关联的职业计划、婚姻理想等。

从理论的观点看，弗洛伊德的精神分析理论是人格理论中内容最完善的。它不但解释了人格结构，而且也详述了人格的发展。尤其是他对潜意识历程的研究，不但扩大了人格心理学的研究范围，而且对整个心理学界产生了巨大的影响。不过，弗洛伊德的理论也有局限性。首先，他的理论大多是以心理失常者的行为为基础，因而未必能适用于解释一般人的行为。其次，资料多是根据个人的观察经验，缺乏实验性的量化研究。最后，他过分重视人类本能的性冲动对行为的支配作用，而忽视社会文化对行为发展的影响。也正是由于这最后一点，他不断地受到批评，甚至他的学生和继承者也表示反对，因而产生了"新精神分析理论"。

（三）伯恩的 PAC 分析

加拿大心理学家伯恩是相互作用分析理论的主要代表人物，认为人们身上有三种自我状态，分别是"父母""成人""儿童"自我状态。

(1)父母自我状态

含义：是人们通过模仿自己的父母，或其他在其心目中具有父母一样的权威人物而获得的态度和行为方式。

标志：权威感和优越感。

行为方式：慈母式——同情、安慰；严父式——批评、命令。

(2)成人自我状态

含义：是人格中支配理性思维和信息的客观处理部分。

标志：理智和客观。

行为方式：待人接物冷静，处事谨慎，尊重别人，说话办事逻辑性强。

(3)儿童自我状态

含义：人格结构中主管情感和情绪的部分，是好奇心、创造力、想象力、冲动性等的源泉。

标志：无主见，感情用事。

行为方式：顺从式，自由式。

表1-2　父母、成人及儿童自我状态的表现

	语言表现	语　调	非语言表现
父母自我状态	按理 应该 决不 永远不要 别 不 让我告诉你应该怎样做 评论的语言 真蠢 真可笑 别再这样做了 你又想干什么 我跟你说了多少遍了 请你千万记住 好孩子 好宝贝 真可怜	高声（批评） 低声（抚慰）	皱眉头 指手画脚 摇头 惊愕的表情 跺脚 双手插腰 搓手 叹气 拍拍别人的头 死板
成人自我状态	为什么 什么 在哪里 什么时候 谁 有多少 怎么样 思索 有可能 我认为 依我看 我明白 我判断	几乎像计算机那样不假思索	直截了当的表情 舒适自如 不很热情 不激动 漠然

续表

	语言表现	语　调	非语言表现
儿童自我状态	孩子的口吻 我想 我要 我不知道 我不管 我猜 当我长大时 好得多 好极了	激动 热情 高而尖的嗓门 尖声嚷嚷 愤怒 欢乐 悲哀 恐惧	喜悦 笑声 咯咯笑 可爱的表情 眼泪 颤抖的嘴唇 撅嘴 眼珠滴溜溜地转 发脾气 垂头丧气的眼神 逗趣 咬指甲 扭身子撒娇

三、人格类型

人格类型说起源于20世纪30～40年代的德国。类型模式主要是用以描述一类人与另一类人之间的心理差异。

1.以性格倾向划分的个性

(1)内倾和外倾

瑞士著名心理学家荣格首次提出心理的两种类型。他认为人在与周围世界发生联系时，其心灵一般有两种指向(即定势)。一种定势指向个体内在世界，叫内倾；另一种定势指向外部环境，叫外倾。内倾和外倾实际上是个连续体，并不是各自独立的两个极端。大多数人处于内倾和外倾这一连续体中的某一位置上，兼有内倾和外倾的特征，绝对内倾或外倾的人并不多见。

内倾：较沉静、富于想象、害羞、敏感、防御性强。

外倾：爱交际、好外出、坦率、易于适应环境。

(2)男性气质和女性气质

男性气质：有进取心、喜欢专断和控制人、独立性较强。

女性气质：温和、宽容、细腻、具有依赖性。

(3)内控型和外控型

内控型：独立性强，不易受外界影响而改变自己的行为。

外控型：认为一切事情是命运主宰，自己只是处于被动地位。

(4)内向与外向

内向与外向是以心理活动的指向性为指标的心理类型。

内向:情感内隐，顾虑重重,不善交际,好内省,缺乏实际行动,适应环境困难。

外向:情感外露，当机立断,不拘小节,独立心强,善于交际,有卓越的领导才能。

(5)阴阳五行说

太阴之人:多阴无阳,其人格特征是胆小、孤僻、多疑。

少阴之人:多阴少阳,其人格特征是沉静、节制、稳健、嫉妒心强。

太阳之人:多阳无阴,其人格特征是大胆、进攻、傲慢、暴躁。

少阳之人:多阳少阴,其人格特征是外露、乐观、机智、随和。

阴阳之人:阴阳气和,其人格特征是平静、适应性强。

2. 以生活方式划分个性

(1)封闭型

特点:家庭生活,希望生活清净、安宁、有秩序。

旅游行为:“静”。

(2)开放型

特点:活跃,有进攻性,爱交际。

旅游行为:“新”。

(3)半开半闭型

特点:希望生活有秩序,但又不满单调的生活。

旅游行为:文化,历史等。

四、人格的构成

(一)气质

观察旅游活动中的游客会发现，有的人感情丰富，容易触景生情；有的人情感发生缓慢，沉着稳重，如同静水；有的人情感表现强烈，喜怒溢于言表；有的人情感反应微弱，内心情感难以显露；有的人说话粗声大气，而有的人讲话则柔声细语；有的人行动敏捷灵活，而有的人行为则斯文轻盈。人们这些方面的差异，都是人气质特征的表现。

1. 气质的含义

气质是人的典型的、稳定的个性心理特征，是人的高级神经活动类型在行为活动中的一种表现。它主要表现在情感活动的速度、强度、变化幅度以及显隐性等方面，也能通过人的言语、举止、行动的动态特点表现出来。通俗地讲就是平常所说的脾气、性情。

一个人的气质特征不会随活动的内容而转移，具有某种气质类型的人，常常在不同内容、不同动机的行为活动中显示出同样性质的动力特点，仿佛使一个人的整个心理活动表现都涂上个人独特的色彩。比如，一个有着活泼好动、爱好交际气质特征的旅游者，会在旅游的各种活动中始终如一地表现出同一特点。气质在很大程度上是由遗传素质决定的，俗语说，“江山易改，本性难移”。这个“本性”就是指气质。虽然在后天的教育和环境的影响下，气质也会发生一定的变化，但同其他心理特征相比，它是个性心理中最为稳定、变化最少，也最缓慢的一种心理特征。可见，气质具有天赋性和相对稳定性。

2. 气质的分类

对于气质类型的划分，在公元前 5 世纪，由希腊著名医生希波克拉底首先提出。他认为人体内有四种液体，即血液、黏液、黄胆汁、黑胆汁。这四种液体在人体内所占的比例不同，便形成胆汁质、多血质、黏液质和抑郁质四种气质类型（见表 1－3）。对人的气质类型的这种划分和解释，虽然缺乏科学依据，但它所描述的四种气质类型，在日常生活中的确能观察得到，因而人的气质的这种分类方法至今仍在沿用。

表 1－3　气质类型与行为特征

气质类型	行为特征
胆汁质	精力充沛，情感产生快、强烈而外露，言语动作快捷有力而难于自制，直率、热情、性急、粗心、易怒，具有外倾性
多血质	活泼好动，情感丰富而多变，思维、言语、动作灵活敏捷，反应迅速，热情，亲切，乐观，注意易转移，兴趣易变换，具有外倾性
黏液质	沉着安静，情感产生慢而不强烈，也不外露，思维、言语、动作迟缓，反应不灵活，自制力强，有耐性，注意稳定但难转移，固执、淡漠，具有内倾性
抑郁质	孤僻寡言，情感产生缓慢而不易外显，但深刻而细腻，言语、动作缓慢无力，敏感多疑，善于察觉别人不易察觉的细节，具有内倾性

在现实生活中，属于这四种典型气质类型的人并不多见，大多数属于接近于一种气质类型而兼有其他气质类型的某些特点，表现为混合型或中间型。

（二）性格

旅游中经常可以看到这样一些现象，有的旅游者关心团队，纪律观念强，服从领队和旅游的指挥；有的旅游者富有同情心，对别人满腔热情，乐于助人；有的旅游者尊重服务人员的工作，谦虚礼貌；有的旅游者游览参观中精力集中，认真仔细，不放过任何一个细节；有的旅游者比较容易情绪波动，碰到一些小事便会发生强烈的反应；有的旅游者开朗活跃，整天欢欣愉快；有的旅游者旅途中有吃苦耐劳精神，能适应各地的旅游接待条件。旅游者这些方面的表现，其实都是其性格某一方面特征的反映。

1. 性格的含义

性格是人表现在对现实的态度和行为方式上的比较稳定的心理特征。一个人对集体是主动关心还是漠不关心，对工作是认真负责还是马虎了事，对同事是满腔热情还是冷漠无情，对自己是谦虚谨慎还是自高自大，这些都是对现实的不同态度。性格不仅指人对现实的态度，也指与不同态度相适应的习惯化的行为方式。比如一个人对他人满腔热情，就会表现在每时每地都关心别人，热情待人，乐于助人。当然不是任何态度和行为方式都能表明人的某种性格。比如一个人在某一次活动中表现很勇敢，还不能说他具有勇敢的性格特征，只有在多次活动中都很勇敢，才能说他具有勇敢的性格。

2. 性格的特征

人的性格是个性中最重要的、最显著的心理特征，也是个性心理特征的核心，它是在生理素质的基础上，通过后天的家庭环境、教育条件和社会实践活动逐步形成的。人的性格形成后，就具有相对稳定性和习惯性，因而了解和分析一个人的性格特征，就可以预见他在某种情况下，将会有什么样的态度和采取什么样的行为。性格表现的范围广泛，一般具有四个方面的特征。

(1)性格的态度特征

性格的态度特征主要表现为一个人对社会、集体、他人，对劳动、工作、学习，对自己的态度。比如对社会是否有责任感、品德观，对人类命运、前途是否关心，是维护集体还是损公肥私，对他人是具有人道主义、富有爱心还是冷酷无情；是积极进取还是消极懒惰，是锐意创新还是墨守成规；是诚恳正直还是虚伪奸诈，是勤俭节约还是奢侈浪费，是严于律己还是放纵自身。

在旅游过程中，旅游者这些方面的特点也有所表现。比如不少导游认为澳大利亚人组成的旅游团比较有集体观念，纪律性强，能够听从旅游、领队的指挥；日本旅游者集体荣誉感强，对服务人员有礼貌，外出节俭不浪费等。这些都反映出旅游者的性格特点。

(2)性格的意志特征

性格的意志特征主要表现在自觉性、自制性、果断性、坚韧性等方面，是调节人的行为和行为方式方面的特点。比如行动目标明确、有独立性和主见还是依赖性强、易受暗示；行动具有自觉性还是盲目、冲动；对行为的自控能力强还是任性放纵，是持之以恒还是见异思迁，虎头蛇尾；在困难条件或紧急情况下，是勇敢、镇定和果断还是怯弱、慌乱和优柔寡断等。

这方面的性格特征在旅游者遇到困难或某些突出事件时可以表现出来。比如不少高龄旅游者，为了攀登我国的万里长城，不怕困难，不畏艰辛，以“不到长城非好汉”的精神登临长城，饱览壮观景色。这从侧面表现了旅游者性格具有自觉性、坚韧性的意志特征。

(3)性格的情感特征

性格的情感特征主要表现在情感活动的强度、稳定性、持久性和主导心境等方面，是与一定态度相联系的个性特点。比如情感活动表现强烈，且难以控制和调节还是情感活动较弱，易于控制和调节；情感波动幅度大还是幅度少，情感活动的持续时间长还是稍现即逝；此外，愉快乐观或悲观失望，振奋开朗或抑郁寡欢，安乐宁静或焦躁不安等，都是对性格的情感特征的反映。

这方面的性格特征在旅游中比较容易观察到。比如，有的旅游者容易产生情绪波动，遇到一些小事便忧心忡忡、闷闷不乐；有的旅游者很开朗活跃，整天喜闻乐道，笑声不绝，常处于愉快的心境中。这都是不同性格的情感特征的具体表现。

(4)性格的理智特征

性格的理智特征是表现在感知、记忆、想像、思维等认识方面的个性特点。比如，观察事物时是主动、细致、全面还是被动、粗略和片面；记忆方面是长于形象记忆还是逻辑记忆；想像力是丰富开阔还是贫乏狭窄；思维活动是独创型、灵活敏捷还是依赖型、呆板笨拙等，都反映了性格的理智特征。

旅游者在游览参观中，有的人走马观花，一带而过，觉得没什么可看；而有的却仔细观摩，流连忘返，觉得内容丰富；有的人根据自己的目的和兴趣爱好进行观看和领会；而有的则明显受环境和他人的影响，盲目观看。这些都反映出旅游者不同性格在认识方面的特点。

（三）能力

旅游过程中，有的旅游者能说会道，口才好；有的善于交往，不仅和大家融为一体，相处和谐，也巧于与当地居民、购物商场营业员打交道；有的旅游者观察仔细，能注意到事物的细枝末节和细微变化；有的想像丰富，面对眼前景物会浮想联翩，乐趣盎然；有的旅游者欣赏水平高，能领略大自然和人世间的千姿百态；有的适应能力强，无论接待环境如何变化，都能自由自在地生活，精力充沛和精神饱满地游览。这些方面的表现，都与旅游者能力的组成和强弱相关。

1. 能力的含义

能力是指人们顺利地完成某种活动所必须具备的，并且直接影响活动效率的个性心理特征，在行为科学上也称为“本领”或“本事”。从事任何一项活动都需要一定的条件，这些条件既包括客观方面的，也有主观方面的，能力就是顺利完成某种活动的主观条件。能力总是与人的活动相联系，并直接影响人的活动效率，一个人的能力只有在活动中才能表现出来，也只有从一个人所从事的某种活动中，才能看出他具有某种能力，并以活动的效率和效果看出其能力的大小、强弱。因此，能否顺利地进行并出色地完成某种活动，是检验其能力水平的重要标志之一。能力是在先天遗传素质的基础上，通过后天的环境与教育的作用，在社会实践活动中逐步形成和发展的。

人们为了顺利完成某种活动，通常需要各种能力的相互结合，既需要一般能力，也需要特殊能力。一般能力是顺利完成各种活动所必须的基本能力，比如观察能力、记忆能力、想像能力、思维能力等。特殊能力是顺利完成某种专业活动所必备的能力，比如音乐能力、绘画能力、运算能力、鉴赏能力等。一般能力和特殊能力有机地结合在一起，相辅相成，共同发挥作用。一般能力寓于特殊能力之中，再通过特殊能力表现出来；特殊能力的发展离不开一般能力，而且特殊能力的发展也对一般能力的提高有所促进。

2. 能力的组成

旅游活动中旅游者的能力表现是多种多样的，其能力的组成结构和发展水平也存在着明显的差异。从能力与旅游者行为的密切程度来看，下列几方面的能力对旅游消费活动的影响较大。

(1) 观察识别能力

观察识别能力是个体对事物进行准确又迅速的感知和辨别能力，是人们了解客观世界、辨别事物性质、获得知识的本领。旅游者的观察识别能力主要受个体知识经验和兴趣爱好的影响。如果旅游者的观察能力和识别能力良好，不仅会作出积极决策，主动进行旅游消费，而且可以从游览中发现美好的、有价值的、有典型意义的内容，还能在新的环境中，用新的视角去观察周围的事物和现象，增长见识，扩大见闻，丰富自身的知识和积累经验，并能从观察到的各种现象的对比中得到启示和感化。反之，就会产生疑虑或遗憾，觉得旅游只是单纯的走马观光，游山玩水，此外别无收获，也不会激发出旅游消费的欲望。

(2) 评价欣赏能力

旅游者的评价欣赏能力主要是对美的事物和现象进行鉴赏、评判和创造的能力，它一般包括美的感受、美的体验和美的探索等方面。评价欣赏能力既与人的感觉功能有关，更受到人的知识经验和环境教育的影响。随着精神生活的日益丰富，人们的审美要求也越来越高。然而，不同的旅游者，旅游评价欣赏能力是不同的。比如，同是大足石刻，阅历丰富，偏爱历史的旅游者，可以感受到其石刻艺术价值的无与伦比，而一般旅游者除了惊叹其规模，却感受不到任何意义和价值。再如，面对大海的壮美和小溪的秀美，审美能力强的旅游者能从中领略美、欣赏美和享受美，而审美能力弱的旅游者则只能说“好看”“真美”而已，甚至看不出美来，也觉得没有意义。旅游者的评价欣赏能力直接影响其旅游活动和消费。

(3) 社会交往能力

社会交往能力是人们综合利用各种知识和才干进行人际交往的本领。旅游者的社会交往主要是与旅游者之间、与旅游从业人员之间以及与旅游地居民之间的交往。如果旅游者具有良好的社交能力，不仅有利于拓展交往空间，扩大视野，增加信息来源，丰富自身的学识，也有利于旅游者相互关心，相互理解，相互帮助，加强情感交流，产生心理共鸣，同时旅游者能正确认识彼此，尊重服务人员的工作，提高旅游活动的效率，从而使人们更加乐意旅游和愿意消费，形成良性循环。显然，旅游者社交能力对旅游活动质量和旅游消费有着直接而重要的影响。

(4)环境适应能力

适应能力是人们随外界环境和时代发展而改变自己的生活方式、行为习惯、交往范围以及思维模式等方面的能力。旅游者适应环境的能力与旅游者从事的旅游活动密切相关。由于旅游活动要求人们必须走出家门，离开熟悉的环境，这就意味着生活方式、生活节奏、生活习惯以及人际关系都发生了不同程度的变化，旅游者只有迅速转变角色，调整自己去适应新的情况，比如善于安排好自己的衣、食、住、行，合理计划旅游开销等，才可能更好地适应旅游生活，享受旅游的乐趣。

五、健全人格的培养

在日常生活中,人们常常将“健康”理解为身体上没有疾病与缺陷，并没有将健康的概念推延至人的心理方面。而事实上,健康既应该包括生理方面,也应该包括心理方面。一个人若是心理上不正常,那么即便他身体上没有疾病与缺陷,仍然不能算是一个健康的人。很显然,一个洗手时会情不自禁，一洗就是三四个小时的强迫症患者，我们不会认为他是健康的人。这些人除了心理障碍之外,身体上没有任何可查出的器质性疾病与缺陷,但他们确实是不健康的。其实，在日常生活中，人们常常会有意无意地将心理方面的考虑也包括在健康的概念之中。健康的含义应当包括思维等心理活动的正常、个性的正常与行为的正常。为此，世界卫生组织将健康定义为“既没有身体上的疾病与缺陷,又有完整的生理、心理状态和社会适应能力”。心理学家们所做的大量心理学研究也证明,人的健康状况是一个整体,身体的状况与心理的状况相互影响。身体的缺陷和长期疾病会影响到心理的健康和个性的发展,心理的状况也会影响到身体的健康。不适当的情绪反应会导致特定的身体症状,诱发疾病,某些特定的性格特点 也常常与某些身体疾病有着不可分割的联系。

(一)健全人格的标准

我们认为健全人格应包括以下几个方面的内容：

1. 自我悦纳,接纳他人

人格健全的人能够积极地开放自我,正确地认识自己,坦率地接受自己的有限并对生活持乐观向上的态度。

2. 人际关系和谐

人格健全者心胸开阔，善解人意，宽容他人，尊重自己也尊重他人，对不同的人际交往对象表现出合适的态度，既不狂妄自大，也不妄自菲薄，在人际关系中吸引人，深受大家的喜欢。

3. 独立自尊

人格健全者人生态度乐观向上，生活态度积极热情，有正确的人生观与价值观，能够用理性分析生活事件，头脑中非理性观念较少。人格独立，自信自尊。

4. 能够发挥自己的潜能

人格健全的大学生具有自我发展、自我塑造与自我完善的能力。能够充分开发自身的创造力，创造性地生活，发现生命的意义并选择有意义的生活。

（二）培养健全人格的途径

健康的自我意识的形成，除了要有对自我的正确认知外，还要有健全人格的支持。培养积极、和谐、健全的人格，对健康的自我意识的发展，将起到良好的生成和促进作用。那么怎样塑造健康人格呢？

1. 培养良好的人格品质

"性格决定命运"。一个意志薄弱、缺乏克服困难勇气的人，是不能成大才、担大任的，所以我们要培养自信、开朗、勇敢、热情、勤奋、坚毅的人格品质。

2. 从小事做起，优化自己的人格

"不积小流，无以成江海"，许多人所具有的优秀的品格都是一点一滴形成的，从小做起，是每个人努力的起点。乐观的人常常能看到生活的光明面，对前途充满希望和信心，对自己所从事的工作或学习抱有浓厚的兴趣，并在其中发挥自身的智慧和能力。即使在遇到困难和挫折时，也能不畏艰险，勇于拼搏。

3. 要融入集体

马克思说，只有在集体中，个人才能获得全面发展其才能的手段。通过与他人交往，可以看到别人的长处，弥补自己的短处，并从他人那里获得理解、肯定的欢悦。人格健康的人乐于与他人交往，并与他人建立良好的关系，受到他人的尊重与接纳。

4. 养成良好的习惯

习惯很重要，好的习惯使人立于不败之地，坏的习惯却足以毁掉人的一生。在我们的生活中，我们要不断地培养良好的习惯。做人方面，要养成真诚待人、诚实守信、认真负责、自信自强的良好习惯；做事方面要养成遵守规则、讲究效率、友善合作的良好习惯；学习方面要养成主动学习、独立思考、学用结合、总结反思的好习惯。与此同时，要不断地与坏习惯决裂，不要让恶习损害我们的身体，不要让随地吐痰、随手乱丢垃圾、出口成脏、不注意仪表礼仪等恶习损坏我们的形象，不要让拖拖拉拉、马马虎虎、浪费时间等恶习影响我们的生命质量,不要让迷恋网络、浮躁浅薄等恶习污染我们的心灵。在生命的过程中,只有不断地三省吾身,不断地除去那些妨碍我们走向完善的荆棘,才能不断地缩小与成功的差距,逐步形成自己健康的人格,直至获得成功。

【计划、决策与实施】>>>

<table>
<tr><td>学习情景一</td><td colspan="5">旅游服务人员心理认知与保健</td></tr>
<tr><td>工作过程三</td><td colspan="5">人格与健全人格的培养</td></tr>
<tr><td>学生行为</td><td colspan="5">进行成员任务分配,制订工作计划,讨论计划的科学合理性,完善计划并做出最终决策。通过查阅互联网、相关书籍或知识链接资料,搜集人格的资料,深入认识人格结构,掌握心理健康的标准,能够通过所学知识健全自己的人格</td></tr>
<tr><td>教师行为</td><td colspan="5">督导学生分组讨论,审核工作计划,提出修改建议,引导学生做出正确的决策,对学生的具体分析和完成各项任务进行答疑与督导,并观察学生的表现</td></tr>
<tr><td rowspan="11">计划、决策与实施</td><td>序号</td><td colspan="2">实施步骤</td><td>操作要领</td><td>参考资料详细地址</td></tr>
<tr><td>1</td><td colspan="2"></td><td></td><td></td></tr>
<tr><td>2</td><td colspan="2"></td><td></td><td></td></tr>
<tr><td>3</td><td colspan="2"></td><td></td><td></td></tr>
<tr><td>4</td><td colspan="2"></td><td></td><td></td></tr>
<tr><td>5</td><td colspan="2"></td><td></td><td></td></tr>
<tr><td>6</td><td colspan="2"></td><td></td><td></td></tr>
<tr><td>7</td><td colspan="2"></td><td></td><td></td></tr>
<tr><td>8</td><td colspan="2"></td><td></td><td></td></tr>
<tr><td>9</td><td colspan="2"></td><td></td><td></td></tr>
<tr><td>10</td><td colspan="2"></td><td></td><td></td></tr>
<tr><td>组长签字</td><td colspan="2"></td><td>组　别</td><td colspan="2"></td></tr>
<tr><td>教师签字</td><td colspan="2"></td><td>日　期</td><td colspan="2"></td></tr>
</table>

【评价、检查与反馈】>>>

<table>
<tr><td>学习情景一</td><td colspan="6">旅游服务人员心理认知与保健</td></tr>
<tr><td>工作过程三</td><td colspan="6">人格与健全人格的培养</td></tr>
<tr><td>学生行为</td><td colspan="6">1. 对人格、健全人格工作任务完成情况进行自我检查和反思，填写检查表。
2. 能利用所学的理论知识完成实训项目，总结学习中的收获与体会，进行自我评价，并对本小组的成员表现进行逐一评价，填写评价单和学习反馈单。
3. 完成“气质测试”，对自己的气质类型有所了解</td></tr>
<tr><td>教师行为</td><td colspan="6">听取学生成果汇报，检查学生学习任务完成情况，并指出不足及修改建议，对学生的学习表现进行评价，通过学生教学反馈总结教学的不足，制订工作改进计划</td></tr>
<tr><td rowspan="17">评价</td><td>评价类别</td><td>项目</td><td>子项目</td><td>个人评价</td><td>教师评价</td><td>组内互评</td></tr>
<tr><td rowspan="10">专业能力
(60%)</td><td rowspan="2">资讯
(15%)</td><td>搜集信息查找资料(5%)</td><td></td><td></td><td></td></tr>
<tr><td>引导问题回答(10%)</td><td></td><td></td><td></td></tr>
<tr><td rowspan="4">计划实施
(20%)</td><td>工作流程的正确性(2%)</td><td></td><td></td><td></td></tr>
<tr><td>方案设计科学性(3%)</td><td></td><td></td><td></td></tr>
<tr><td>实施操作正确性(10%)</td><td></td><td></td><td></td></tr>
<tr><td>知识的运用(5%)</td><td></td><td></td><td></td></tr>
<tr><td rowspan="2">检查
(5%)</td><td>全面性、准确性(3%)</td><td></td><td></td><td></td></tr>
<tr><td>异常情况排除(2%)</td><td></td><td></td><td></td></tr>
<tr><td rowspan="2">结果
(20%)</td><td>演示汇报(10%)</td><td></td><td></td><td></td></tr>
<tr><td>知识技能掌握(10%)</td><td></td><td></td><td></td></tr>
<tr><td rowspan="4">社会能力
(20%)</td><td rowspan="2">团结协作
(10%)</td><td>对小组的贡献(5%)</td><td></td><td></td><td></td></tr>
<tr><td>小组合作配合情况(5%)</td><td></td><td></td><td></td></tr>
<tr><td rowspan="2">敬业精神
(10%)</td><td>吃苦耐劳精神(5%)</td><td></td><td></td><td></td></tr>
<tr><td>学习纪律性(5%)</td><td></td><td></td><td></td></tr>
<tr><td rowspan="2">方法能力
(20%)</td><td>计划能力
(10%)</td><td></td><td></td><td></td><td></td></tr>
<tr><td>决策能力
(10%)</td><td></td><td></td><td></td><td></td></tr>
</table>

续表

	序号	检查项目	检查标准		学生自检	教师检查
检查	1	目标认知	工作目标明确，工作计划周密，具有可操作性			
	2	理论知识	基础理论知识的全面掌握			
	3	基本技能	能够运用基本的理论进行实践思考、分析、解决问题			
	4	学习能力	能在教师指导下，全面掌握相关知识和技能			
	5	工作态度	主动参与，积极完成工作任务			
	6	团队合作	积极与他人合作，共同完成任务			
	7	工具运用	熟练利用资料自学，利用网络进行资料查询			
	8	任务完成	保质保量完成任务			
教学反馈	我对学习本工作过程的意见或建议					
组长签字				组别		
教师签字				日期		

气质测试

很符合自己情况2分；比较符合1分；介于两者之间0分；比较不符合－1分；完全不符合－2分。

①做事力求稳妥，不做无把握的事

②遇到可气的事就怒不可遏，想把心里话全部说出来才痛快

③宁肯一个人干事，也不愿很多人在一起

④到一个新环境很快能适应

⑤厌恶那些强烈的刺激，如尖叫、噪声、危险镜头等

⑥和人争吵时，总是先发制人，喜欢挑衅

⑦喜欢安静的环境

⑧善于和人交往

⑨羡慕那种善于克制自己感情的人

⑩生活有规律,很少违反作息制度

⑪在多数情况下,情绪是乐观的

⑫碰到陌生人觉得很拘束

⑬遇到令人气愤的事,能够很好地自我克制

⑭做事总是有很旺盛的精力

⑮遇到问题常常举棋不定,优柔寡断

⑯在人群中从不觉得过分拘束

⑰情绪高昂时,觉得干什么都很有趣;情绪低落时,又觉得干什么都没有意思

⑱当注意力集中一事物时,别的事物很难使我分心

⑲理解问题总比别人快

⑳碰到危险情景时,常有一种极度恐怖感

㉑对学习、工作、事业怀有很高的热情

㉒能够长时间做枯燥、单调的工作

㉓符合兴趣的事情,干起来劲头十足,否则就不想干

㉔一点小事就能引起情绪波动

㉕讨厌做那种需要耐心、细致的工作

㉖与人交往不卑不亢

㉗喜欢参加热烈的活动

㉘喜看感情细腻、描写人物内心活动的文学作品

㉙工作学习时间长了,常感到厌倦

㉚不喜欢长时间谈论一个问题,愿意实际动手干

㉛宁愿侃侃而谈,不愿窃窃私语

㉜别人说我总是闷闷不乐

㉝理解问题常比别人慢些

㉞疲倦只要短暂的休息就能精神抖擞,重新投入工作

㉟心里有话,宁愿自己想,不愿意说出来

㊱认准一个目标就希望尽快实现,不达目的誓不罢休

㊲和别人学习、工作同样一段时间后,常感觉比别人更疲倦

㊳做事有些莽撞,常常不考虑后果

㊴老师讲授新知识,总希望他讲慢些,多重复几遍

㊵能够很快忘记那些不愉快的事情

㊶做作业或完成工作总比别人花的时间多

㊷喜欢运动量大的剧烈体育活动,或参加各种文艺活动

㊸不能很快地把注意力从一件事情转移到另一件事情上去

㊹接受一个任务后,就希望把它迅速解决

㊺认为墨守成规比冒风险强些

㊻能够同时注意几件事物

㊼当我烦闷的时候,别人很难使我高兴起来

㊽喜看情节起伏跌宕、激动人心的小说

㊾对工作抱认真严谨、始终如一的态度

㊿和周围人们的关系总是相处不好

51喜欢复习学习的知识、重复做已经掌握的工作

52希望做变化大、花样多的工作

53小时候会背的诗歌,我似乎比别人记得清楚

54别人说我“出语伤人”,可我并不觉得这样

55在体育活动中,常因反应慢而落后

56反应敏捷,头脑机智

57喜欢有条理而不甚麻烦的工作

58兴奋的事常常使我失眠

59都是讲新概念,常常听不懂,但是弄懂以后就难忘记

60假如工作枯燥无味,马上就会情绪低落

胆汁质气质类型题号:2、6、9、14、17、21、27、31、36、38、42、48、50、54、58。

多血质气质类型题号:4、8、11、16、19、23、25、29、34、40、44、46、52、56、60。

黏液质气质类型题号:1、7、10、13、18、22、26、30、33、39、43、45、49、55、57。

抑郁质气质类型题号:3、5、12、15、20、24、28、32、35、37、41、47、51、53、59。

看每种气质类型的总分数。如果某种气质的得分数均高于其他三种气质得分数4分,则可定为该气质类型的人。此外该气质的得分数超过20分,则为典型型。如果得分在10~20分之间,为一般型。若两种气质的得分数差异小于3分,又明显高于其他两种达4分以上,可判定为两种类型的混合型;同样,如果三种气质的得分高于第四种,而且很接近,则为三种气质的混合型。

工作过程四　挫折与心理调节

【任务布置】>>>

<table>
<tr><td>学习情景一</td><td colspan="2">旅游服务人员心理认知与保健</td></tr>
<tr><td>工作过程四</td><td colspan="2">挫折与心理调节</td></tr>
<tr><td>教师行为</td><td colspan="2">1. 引导学生明确工作任务及资讯问题,对学生进行随机分组,组成本工作过程的学习小组。
2. 讲解或引导学生了解、学习异常心理的基本特征,使学生明白心理异常所产生的危害性,并引导学生正确面对挫折、尽快恢复心理平衡</td></tr>
<tr><td>学生行为</td><td colspan="2">在教师引导下,明确学习任务及要求,分组学习知识链接,查阅资料和文献,找出资讯问题的答案,初步掌握学习内容,能够利用所学知识完成实训项目</td></tr>
<tr><td>工作任务</td><td colspan="2">了解挫折产生的原因,掌握心理受挫后的行为表现形式,学会一些常规的心理疗法,认识到心理困扰对生活的影响,能够运用科学的方法尽快摆脱心理困扰,恢复心理平衡</td></tr>
<tr><td rowspan="7">资讯</td><td rowspan="6">资讯问题</td><td>1. 什么是挫折</td></tr>
<tr><td>2. 挫折产生的原因有哪些</td></tr>
<tr><td>3. 人受挫后有哪些行为表现</td></tr>
<tr><td>4. 心理防御机制是什么</td></tr>
<tr><td>5. 心理异常有哪些表现</td></tr>
<tr><td>6. 受挫后怎样调节自己的心理状态</td></tr>
<tr><td>资讯引导</td><td>以上资讯问题请查阅本书知识链接,同时参考以下书籍和网页:
1.《旅游心理》,人力资源和社会保障部教材办公室组织编写,中国劳动社会保障出版社,2008 年版。
2.《旅游服务心理素质与职业发展能力训练教程》,陈定樑著,浙江工商大学出版社,2011 年版。
3.《旅游心理服务与技巧》,人力资源和社会保障部教材办公室组织编写,中国劳动社会保障出版社,2008 年版。
4.《做自己的心理调节师》,雅文著,中国华侨出版社,2013 年版。
5.《旅游心理学》,黄继元主编,重庆大学出版社,2003 年版。
6. http://www.xinli001.com,壹心理</td></tr>
</table>

【知识链接】>>>

人一生很少是一帆风顺的，难免会遇到这样那样的困难和挫折。不同的人对待挫折有不同的态度和方法，正确的态度和方法能使人从挫折中总结经验，汲取教训，增强心理承受能力和解决问题的能力。不当的态度和方法会给人造成巨大的心理痛苦，引起失意、沮丧、悲观、消沉，甚至种种疾病，从而影响员工的工作质量，给企业带来不良的影响。

一、挫折的概念

挫折是指个体从事有目的的活动，在环境中遇到障碍或干扰，使其需要和动机得不到满足时的情绪状态。它是一种社会心理现象。

从心理学上分析，人的行为总是从一定的动机出发，经过努力达到一定的目标。如果在实现目标的过程中，碰到了困难，遇到了障碍，就产生了挫折，挫折会产生各种各样的行为。表现在心理上、生理上会有反应。遭受严重挫折后，个人会在情绪上表现抑郁、消极、愤懑；在生理上，会表现血压升高、心跳加快易诱发心血管疾病；胃酸分泌减少、会导致溃疡、胃穿孔等。总之，个人的挫折会产生反常行为。

挫折包括三个方面的涵义：一是挫折情境，即指对人们的有动机、目的的活动造成的内外障碍或干扰的情境状态或条件，构成刺激情境的可能是人或物，也可能是各种自然、社会环境。二是挫折认知，即指对挫折情境的知觉、认识和评价。三是挫折反应，即指个体在挫折情境下所产生的烦恼、困惑、焦虑、愤怒等负面情绪交织而成的心理感受，即挫折感。其中，挫折认知是核心因素，挫折反应的性质及程度，主要取决于挫折认知。

一般来说，挫折情境越严重，挫折反应就越强烈；反之，挫折反应就轻微。但是，只有当挫折情境被主体所感知时，才会在个体心理上产生挫折反应。如果出现了挫折情境，而个体没有意识到，或者虽然意识到了但并不认为很严重，那么，也不会产生挫折反应，或者只产生轻微的挫折反应。因此，挫折反应的性质、程度主要取决于个体对挫折情境的认知。

挫折反应和感受是形成挫折的重要方面，个体受挫与否，是由当事人对自己的动机、目标与结果之间关系的认识、评价和感受来判断的。对某人构成挫折的情境和事件，对另一人不一定构成挫折，这就是个体感受的差异。正如巴尔扎克所说："世上的事情，永远不是绝对的，结果完全因人而异。苦难对于天才来说是一块垫脚石，对于能干的人是一笔财富，而对于弱者是一个万丈深渊。"

二、挫折产生的原因

引起挫折的因素很多，各种因素所引起的挫折强度也不尽相同。总括起来，这些因素可以分为两类。一类为外在客观因素，包括环境、社会及个人诸方面的客观条件的限制;另一类为个人的主观因素,包括各种形式的内在冲突。

(一)外在的客观因素

构成心理挫折的外在的客观因素主要来自自然和社会两方面。

自然因素是指由于自然的或物理环境的限制,使个体的动机不能获得满足。如任何人都不能实现长生不老、返老还童的愿望,大都难免遭到生离死别的境况和无法预料的天灾人祸的袭击。以上是由自然发展规律和时空的限制而形成的心理挫折,对人类来说还不是主要的。由于社会因素制约形成的心理挫折,才是具有重大影响的。

社会因素是指人在社会生活中所受到的人为因素的限制,其中包括一切政治、经济、民族习惯、宗教信仰、社会风尚、品德法律、文化教育的种种约束等。如学非所用,在工作岗位上不能充分发挥作用,学习的课程与兴趣间的矛盾;家长和老师教育方法的不当,等等。凡此种种社会因素,不但对个人的动机构成挫折,而且挫折后对个体行为所发生的影响,也远比上述自然因素所产生的心理挫折要大。

(二)内在的主观因素

由内在主观因素引起的挫折包括两类:一类是由个人容貌、身材、体质、能力、知识的不足,使自己所要追求的目的不能达到而产生的心理挫折;另一类是由个人动机的冲突而引起的挫折。

在实际生活中,人们常常同时存在若干动机,其中有些性质相似或相反而强度接近,使人难以取舍,便形成了动机的斗争。如在同一时间内,某人既想去参加同学聚会,又想去看科技展览,但不可能两全其美。这就是动机的矛盾斗争,又称动机冲突。动机冲突的实质是需要之间的冲突。大致有三种动机冲突形式。

①双趋冲突,在两个目标都符合需要并有相同强度的动机中,个体因迫于情势不能两者兼得,从而在心理上产生难以取舍的冲突情境。所谓“鱼和熊掌不可兼得”。

②双避冲突,两者同时违背需要,造成厌恶或威胁,产生同等强度的逃避动机,由于情势又不能同时避开,由此产生的难以抉择的斗争,为双避冲突。

③趋避冲突,即某一目标对个体既有利又有害,既有吸引力又有排斥力,处于既爱又恨的矛盾状态。

如果个体一直处于动机选择的“进退两难”的心理状态,则可能导致挫折。动机冲突常常是引起挫折的重要原因。

三、挫折后的行为表现与心理防卫机制

人们在工作和生活中遇到挫折后,会表现出各种各样的态度和情绪反应。研究这些反应有助于理解周围发生的各种事件,同时也能提高自己抗拒挫折的能力。对于从事旅游工作的人来说是很重要的。

（一）挫折后的行为表现

由于受挫折的人各有特点，所以其受挫折后的行为表现也各有不同。一般有两类：有的人采取积极进取的态度，采取减轻挫折和满足需要的积极适应的态度；也有的人却采取消极的态度，甚至是对抗的态度，比如攻击、冷漠、幻想、退化等。

(1)攻击

攻击是一种常见的对挫折所采取的公开对抗的行为。攻击行为又可分为直接攻击和转向攻击两类。直接攻击是把攻击行为直接指向阻碍达到目标的人或物。转向攻击是指当不能直接攻击阻碍自己达到目标的人或物时，把攻击行为转向某种替代的人或物。比如，有人在工作单位受到批评，不敢直接顶撞上司，回到家里骂老婆，打孩子。女性摔盆砸碗，也常常是遭受挫折后的一种转向攻击。在旅游企业中如果员工遭受挫折，很可能向顾客发泄，引起冲突，这是旅游工作的大忌。

(2)冷漠

当一个人受到挫折后压力过大，无法攻击或攻击无效，或因攻击而导致更大的痛苦，于是便将他愤怒的情绪压抑下来，采取冷漠行为。从表面上看来，似乎对挫折漠不关心，表示冷漠退让，但是人的内心痛苦可能更甚，严重的可能变为忧郁型精神病人。

(3)幻想

幻想是人受到挫折后的另一种退缩式的反应，它是指个人遭受挫折后退缩、脱离挫折的情况，把自己置于一种想象的境界，企图以非现实的虚构方式来应付挫折或解决问题。

(4)退化

退化是指个体遇到挫折时会表现出与自己年龄、身份不相符的行为，是一种反常的现象。一般说来，人们随着年龄与经历的增加和社会生活的影响，由儿童时代的任意发泄，逐步学会如何控制，如何在适当的时机作出适当的情绪反应。但是，有的人在遇到挫折时会失去控制力，而像小孩子一样的哭闹、暴跳如雷，或蒙头大睡，甚至装病不起。这种行为属于幼稚退化。

(5)固执

个体在生活环境中遇到挫折时，需要有一种随机应变的能力，才能顺利解决所遇到的问题。但在某些情况下，如个体一再遇到同样的挫折，他可能会采取一种一成不变的反应方法，即使以后情况已改变，而这种已有的刻板性反应方法仍会继续盲目出现，这就叫固执。

（二）心理防卫机制

前面提到，人要生存就不免遭受挫折，产生各种各样的内心冲突，特别是在实现某种目的的动机十分强烈时，这些妨碍需要满足的冲突会引起我们强烈的焦虑情绪。焦虑是一种使人强烈紧张、不安、烦恼、恐惧的有害情绪体验，它会严重影响人的心理功能的充分发挥,危害人的心理健康。为了避免痛苦的焦虑体验,避免这种有害情绪对我们心理上造成进一步的伤害,当某种冲突导致焦虑出现时,我们的心理活动会自然地、无意识地运用歪曲、夸大、补偿、否认、升华等方法来平息内心焦虑,继续维持自我同外部世界的满意关系。心理活动的这种避免焦虑、恢复情绪平衡与稳定的自我保护倾向,就是精神分析学家所说的心理防卫机制。

任何一个人,无论他是正常人还是心理障碍患者,心理活动中都可以见到防卫机制的存在。人们为了摆脱由于各种内外因素所引起的焦虑情绪的折磨,必须对外部世界和内心世界中所发生的有自我介入的一切事件,用自己独有的方式去作出自己能够接受的解释,以减少内心的不安,逃避对自我的否定,保持情绪的平衡。具体说来,人们在日常生活中所运用的心理防卫机制主要有以下几种形式。

1.压抑作用

每一个人在一生中都会碰到令人难堪或痛苦的经历,都可能体验过足以让自己无地自容的欲望和冲动。有时,我们的意识可能会不堪忍受这些经历、欲望和冲动所引起的强烈焦虑、困扰和痛苦。在这种情况下,心理防卫机制就会发生作用,将这些不能忍受的经历、欲望或动机压抑到无意识当中去,使我们的意识经验觉察不到,这种形式的心理防卫机制,就是压抑作用,也称动机性遗忘。

2. 合理化作用

合理化作用也叫文饰作用。它是人们日常生活中运用最多的心理防卫机制之一。当人们的行为或动机的结果不符合社会公认的价值标准,或是自己的意愿、目的不能实现时,为了减轻因自己的价值得不到确立所带来的焦虑情绪,人们会为自己寻找一个"合理的"解释,以便使自己的所作所为看起来合乎逻辑或与社会要求不相违背,这就是所谓的合理化作用。生活中这类现象很多。比如,考试成绩不理想的时候,人们常常倾向寻找"客观"原因,不是怨题偏,就是说考试时感冒了,而不承认是自己的能力问题。

3. 补偿作用

当一个人由于自己某些方面的不足(如形象不佳或身体残疾时),为了弥补由于这些不足所带来的自我价值缺失,他会在其他方面加倍努力,力求出类拔萃,以求得心理上的平衡,保持自我价值感。这种心理的自我防卫机制,就是补偿作用。比如,眼睛近视、体质弱而无法在运动场上驰骋的学生,常常会在学习上加倍努力,使成绩名列前茅。

4. 升华作用

日常生活中常常有这样的现象:对于许多社会所不允许的欲望或动机,若是直接表现,将会受到严厉的责罚和自我谴责,引起痛苦的情绪体验;但是,若以社会允许的方式表现出来,却可以受到社会的欢迎,自己的良心也可以得到慰藉。这种以社会允许的方式来表现社会所不接受的欲望或动机,既释放了心理能量又不用担心受到责罚的心理防卫机制,就是升华作用。有人认为,由压抑导致升华,是许多伟大的文学艺术作品产生的直接原因。

5. 投射作用

投射也是人们经常运用的心理防卫机制之一。对于自己身上所具有的带有强烈的自我价值否定性的欲望、动机、态度和个性特点,人们的意识经验常常是不能接受的。人们不能忍受自我价值被严重否定时所引起的焦虑情绪折磨。因此,心理防卫机制会发生作用,使人们无意识地将那些自己所不期望的东西投射到别人身上,使自己觉得是别人具有这些欲望、动机、态度和个性特点,而不是自己具有,由此来消减自我价值被否定的恐惧,维持自己的心理平衡,这就是投射作用。日常生活中所说的“以小人之心,度君子之腹”,就是典型的投射作用。

6. 反向作用

在通常情况下,个人行为的方向与其动机的指向是一致的。行为会直接反映人们的需要和动机。但是,当人们具有了某种与社会期望不相符合的动机时,这种动机会引起强烈的受责罚的焦虑情绪。为了避免焦虑,人们不是直接作出与这种动机相对应的行为,而是作出与这种动机相反并与社会期望相符合的行为。这样一方面可以掩盖自己原有的动机,消减由此产生的焦虑,另一方面以此压抑原有动机。这种行为表现与社会期望保持一致,而与始发动机相反的心理防卫机制,就是所谓的反向作用。

四、心理异常的鉴别

心理异常是在大脑生理生化功能障碍和人与客观现实关系失调的基础上产生的对客观现实的歪曲的反映。是对许多不同种类的心理和行为失常的统称。其表现可以是严重的,也可以是轻微的,人们在日常生活中常用精神病、变态行为、情绪障碍这样的词来对此加以描述和区分,甚至使用“神经崩溃”这样的非专业词汇来描述那种突然发生而损伤工作能力的心理障碍。尤其值得一提的是,人们常常用“神经病”这个词来指代“精神病”“神经症”,这是十分错误的。

(一)心理正常的标准

①了解自我,悦纳自我,有正确的自我观。一个心理正常的人既能客观地评价别人,也能正确地认识自己和对待自己,对于自己的潜能和长处能发扬光大,对于自己的缺点和不足也能努力改正和克服。

②正视现实,接受现实,有正确的生活态度。面对现实,把握现实,有积极的处事态度。对于自己的生活、学习和工作遇到的种种问题和困难,总有切实有效的方法妥善解决,不逃避。

③接受他人,善与人相处。心理正常的人不仅能接受自我,也能接受他人,认可别人存在的价值并建立良好的人际关系。

④能协调与控制情绪,心境良好。情绪是由适当的原因引起的,而不是“杞人忧

天”。反应适度,不会过于敏感或过于冷漠,既不过分压抑,也不随意宣泄。

⑤有健康的行为。行为健康是心理正常的外部表现。行为健康的标准:一是行为符合社会主义规范和礼仪,为社会所接受。二是给自身带来欢乐并有利于身心的发展。三是更符合年龄特征。

(二)心理异常的标准

异常心理产生的动因也是永远存在着的,是个体无法回避和逃避的。“人生逆境十之八九”,当人经历了消极状况或挫折后,不可能没有冲突与失衡,当心理无法恢复平静时,心理就得病了。

①认知偏离正常状态,形成与众不同的行为模式。如情绪不稳定,易激怒,情感肤浅或冷酷无情等。行为常常受本能欲望,偶然动机的驱使,缺乏目的性、计划性和完整性,自控能力差。

②心理异常主要表现为情感和行为异常,但是其意识状态,智力均无明显缺陷,一般没有幻觉和幻想,可与精神障碍相区别。

③多数心理异常者对自身人格缺陷常无自知之明,难以吸取教训,尽管经常碰壁,冲突不断,却屡屡犯同样的错误,以致害人害己。

④心理异常者一般能应付工作和自理生活,也能理解自己行为的后果,能在一定程度上理解社会对其行为的评价而主观上往往感到痛苦。

具体举例说明几种异常心理现象:

①疲劳感。通常有相应的原因,持续时间较短,不伴有明显的睡眠和情绪改变,经过良好的休息和适当的娱乐能消除。

②焦虑。该反应是人们适应某种特定环境的一种反应方式,但是正常的焦虑反应常常有其原因(如:高考等)。

③强迫现象。有些脑力劳动者,特别是办事认真的人反复思考一些自己都意识到没有必要事实(如:反复检查门是否关锁好,洗手等)。

④疑病现象。很多人将轻微的不适应现象看成严重疾病,有一种疑病心理。

⑤错觉。正常人在光线暗淡、恐惧、紧张及期待心理状态下出现错觉,但经反复验证后可迅速纠正(如:草木皆兵、杯弓蛇影)。

⑥幻觉。正常人在迫切期待的情况下,可听到“叩门声”“呼唤声”。经过确认后,自己意识到是幻觉现象(看具体情况,可以讲偏执和自我牵挂,类似歇斯底里现象)。

五、常见的心理调节方法

异常心理的出现,在每个人的生活当中都是有可能出现的,重点是在于当异常心理出现之后,我们应当如何去对待、分析、消除异常心理,使自己不受异常心理的影响。现代社会生活节奏快、工作压力大,更要保持心理平衡,将自己的情绪状态调整好,学习心理自救十分重要且必要。下面具体介绍四种常用的自我调节方法。

(一)正确认识自我

个体心理健康的一个重要指标是对自我的接受和认可。也就是说对自己应有一个正确的评价,不可过高也不可过低,这样才不会出现自负和自卑的心理。为自己制定出合理的追求目标,以达到成功的彼岸。一个人不能正确评价自己,就会产生心理障碍,表现出对自我的不满和排斥,从而出现"现实自我"和"理想自我"的差距。因此,我们应学会了解自我、评价自我。以人为镜,从比较中认识自己,不过在比较时,要寻找环境和心理条件相近的人比较,这样才较符合自己的实际水平和自己在群体中的位置。从别人的评价中认识自己。人人都会通过同伴对自己的评价来认识自己,而且在乎别人怎样看自己,怎样评价自己。当然他人评价比自己的主观认识具有更大的客观性,如果自我评价与周围人的评价有较大的相似性,则表明你的自我认识能力较好、较成熟,如果客观评价与你自己的评价相差过大,则表明你在自我认知上有偏差,需要调整。然而对待别人的评价,也要有认知上的完整性,不可以单凭自己的心理需要而只注意某一方面的评价,应全面听取,综合分析,恰如其分地对自己做出评价和调节。

(二)积极与他人交往

人际关系是否和谐,自己能否为他人所接受,也直接影响到自己的心理健康。人际交往是个体适应环境与社会生活,担当一定社会角色,形成丰富人格的基本途径,具有沟通信息、相互激励、产生合力、形成互补、调节情感、保障身心健康等多种功能。所以,要鼓励自己主动与他人交往,不逃避、不孤守,积极把自我融入群体,学会在生活中处理人际冲突,学会宽容、体谅、尊重、以诚待人。如果能在广泛交往的基础上拥有几位良知益友,无疑对自己的心理健康是有裨益的。自卑者多数孤僻、不合群,自己把自己孤立起来。心理学家认为,当人独处时,心理活动就会转向内部,朝向自我。自卑的人长期独处,心理活动的范围、内容就会变窄变小,加之个人认识的局限,就会使心理活动走向片面,只看到自己的不足而忽略了自己的优点,从而陷入深深的自卑之中而不能自拔。当你积极地与他人交往,你的注意力就会被他人所吸引,感受到他人的喜怒哀乐,心理活动就会变得开朗。另外,通过与他人交往,能多方位认识他人和自己,通过比较,正确认识自己,由此调整自我评价,提高自信心。

(三)疏泄调节

疏泄法,又称宣泄法,是常用的心理调节方法之一。主要是使心态失衡者把心中的苦闷或思想矛盾以科学的方法倾诉出来,以减轻或消除个体的心理压力,避免引起精神崩溃,使之更好地适应社会环境。

这种方法不但对神经症、心因性精神障碍、情绪反应性精神疾病有较好的疗效,对心身疾病的治疗亦有好处。生活中凡是能够得到及时的科学的精神疏泄，达到“心理化”、心态平衡平静的人，都能自然而然地医治、防止、截断、减少心身疾病的发生与发展，对心身健康有很好的保健作用。一般而言，疏泄法包括以下几方面：①写作疏泄法。不论是文学创作还是诗歌创作，都是作者心灵的外化。生活中，没有痛苦，没有愤怒，没有不安，没有喜、怒、哀、乐……，就不会有文字，也不会有诗。②言语疏泄法。言语疏泄法，是指运用哭、笑、骂、喊、谈、聊等语言以宣泄心中不快的方法。哭，古人曰：“有声有泪谓之哭，有声无泪谓之号，有泪无声谓之泣。”不论何种形式，哭是人体对不愉快情绪的正常反应和表现。有因近期的精神创伤不能忍受而哭者，亦有对既往痛苦体验不堪回首而哭者……不论何种哭，既是个体内心痛苦的流露，也是一精神发泄，郁闷和痛苦可以伴随哭而倾泄出来，因而哭后顿觉心里畅快，有“如释重负”之感。特别是痛哭一场，这种心理效应会更明显。③行为疏泄法。行为疏泄法，是指通过机体的外显活动直泄心理紧张、心中愤怒的一种方法，如运动、舞蹈、摔打等。尽管有打人、毁物等不明智的行为，不应提倡，但也可以起到缓解愤怒、宣泄不满的效果。

（四）转移调解法

转移法，又称移情法，是指个体为达到减轻、消除不良心境所采取的一种转移行为，其目的是通过转移注意力，达到心态平衡。情绪受认知的调节。人的忧虑、悲伤、愤怒等负性情绪也可以在大脑里产生兴奋中心，按照巴甫洛夫外抑制的原理，人的心理活动，可以通过外力使原来的兴奋中心得以抑制和转移。不愉快的心态形成以后，可以引导当事者，或者当事者本人把注意力转向他（她）所愿做的事情上，使个体的不良心境较快地从烦恼、不快中解脱出来。看花消愁、听曲解闷是转移；奔走于途中，攀缘于岭上，也是转移。注意力一转移，即可“在于彼而忘于此”。这种以建立新的行为而分散、转移原有心境、情绪的方法，最常见的有消遣转移法、繁忙转移法、欢娱转移法、开阔转移法四种。

1. 消遣转移法

消遣转移法有散步、聊天诸法。散步转移法有独立散步、邀人散步两种。散步是一种平心静气、悠然自得的活动，是一种“动中有静”“静中有动”的消遣转移法。聊天转移，是指应用聊天的方式转移个体的注意力，转移个体无休止忧虑的一种方法，实际上是一种截断法。

2. 繁忙转移法

繁忙转移法，是在个体心态不佳时，有意地安排一些工作任务，使其注意力集中在该项工作上而忘却烦恼，或者说因为顾及工作而无暇忧虑不快的事情。安排工作时，一般要分配工作量偏大，又不太精细，危险性极小的任务，避免注意力难以集中而造成不应有的损失。如作业疗法中的农活疗法、拾豆疗法等。

3. 开阔转移法

开阔转移法是指使用能开阔个体心胸的方法以转移注意力，达到调节心态之目的。

如国外有的精神病院为患者设置的一种装有日、月、星、辰的天花板,这种人工摹拟的宏大的卧室,利于豁达患者的心胸。

4. 欢娱转移法

欢娱转移法是指个体通过参与所喜爱的娱乐活动,如下棋、画画、跳舞、打猎以转移注意力,忘却烦恼的一种方法。例如习字者,必须静思凝神,摆脱心中的困惑、烦恼,达到人静境界。练书法时的全神贯注、排除杂念的过程,正是个体陶冶情操、不计宠辱、消除忧虑、抒发情感、静心养性的过程。故有"以字娱心,心娱则情志自调,烦恼自消,心态自安"之说。奕棋时,心神集中,意守棋局;垂钓之时,意守鱼钩,神情专一;跳舞时,全神贯注,杂念尽消;放风筝时,拉线凝神,忘却自我;绘画时,静神运气,绝虑凝神;赏画时,画中浏览,荣辱皆忘;吹奏时,精神集中、平心静气等娱乐活动皆可起到移情之效。

【计划、决策与实施】

<table>
<tr><td>学习情景一</td><td colspan="4">旅游服务人员心理认知与保健</td></tr>
<tr><td>工作过程四</td><td colspan="4">挫折与心理调节</td></tr>
<tr><td>学生行为</td><td colspan="4">进行成员任务分配,制订工作计划,讨论计划的科学合理性,完善计划并做出最终决策;通过查阅互联网、相关书籍或知识链接资料,搜集挫折与心理调节的资料等实施决策,深入认识心理调节现实性意义,意识到心理调节在社会生活中的重要性,进行总结</td></tr>
<tr><td>教师行为</td><td colspan="4">督导学生分组讨论,审核工作计划,,提出修改建议,引导学生做出正确的决策,对学生的具体分析和完成各项任务进行答疑与督导,并观察学生的表现</td></tr>
<tr><td rowspan="11">计划、决策与实施</td><td>序号</td><td>实施步骤</td><td>操作要领</td><td>参考资料详细地址</td></tr>
<tr><td>1</td><td></td><td></td><td></td></tr>
<tr><td>2</td><td></td><td></td><td></td></tr>
<tr><td>3</td><td></td><td></td><td></td></tr>
<tr><td>4</td><td></td><td></td><td></td></tr>
<tr><td>5</td><td></td><td></td><td></td></tr>
<tr><td>6</td><td></td><td></td><td></td></tr>
<tr><td>7</td><td></td><td></td><td></td></tr>
<tr><td>8</td><td></td><td></td><td></td></tr>
<tr><td>9</td><td></td><td></td><td></td></tr>
<tr><td>10</td><td></td><td></td><td></td></tr>
<tr><td>组长签字</td><td colspan="2"></td><td>组　　别</td><td></td></tr>
<tr><td>教师签字</td><td colspan="2"></td><td>日　　期</td><td></td></tr>
</table>

【评价、检查与反馈】>>>

学习情景一	旅游服务人员心理认知与保健					
工作过程四	挫折与心理调节					
学生行为	1. 对挫折与心理防卫工作任务完成情况进行自我检查和反思，填写检查表。 2. 能利用所学的理论知识完成实训项目，总结学习中的收获与体会，进行自我评价，并对本小组的成员表现进行逐一评价，填写评价单和学习反馈单					
教师行为	听取学生成果汇报，检查学生学习任务完成情况，并指出不足及修改建议，对学生的学习表现进行评价，通过学生教学反馈总结教学的不足，制订工作改进计划					
评价	评价类别	项目	子项目	个人评价	教师评价	组内互评
	专业能力（60%）	资讯（15%）	搜集信息查找资料（5%）			
			引导问题回答（10%）			
		计划实施（20%）	工作流程的正确性（2%）			
			方案设计科学性（3%）			
			实施操作正确性（10%）			
			知识的运用（5%）			
		检查（5%）	全面性、准确性（3%）			
			异常情况排除（2%）			
		结果（20%）	演示汇报（10%）			
			知识技能掌握（10%）			
	社会能力（20%）	团结协作（10%）	对小组的贡献（5%）			
			小组合作配合情况（5%）			
		敬业精神（10%）	吃苦耐劳精神（5%）			
			学习纪律性（5%）			
	方法能力（20%）	计划能力（10%）				
		决策能力（10%）				

续表

<table>
<tr><td rowspan="9">检查</td><td>序号</td><td>检查项目</td><td>检查标准</td><td>学生自检</td><td>教师检查</td></tr>
<tr><td>1</td><td>目标认知</td><td>工作目标明确，工作计划周密，具有可操作性</td><td></td><td></td></tr>
<tr><td>2</td><td>理论知识</td><td>基础理论知识的全面掌握</td><td></td><td></td></tr>
<tr><td>3</td><td>基本技能</td><td>能够运用基本的理论进行实践思考、分析、解决问题</td><td></td><td></td></tr>
<tr><td>4</td><td>学习能力</td><td>能在教师指导下，全面掌握相关知识和技能</td><td></td><td></td></tr>
<tr><td>5</td><td>工作态度</td><td>主动参与，积极完成工作任务</td><td></td><td></td></tr>
<tr><td>6</td><td>团队合作</td><td>积极与他人合作，共同完成任务</td><td></td><td></td></tr>
<tr><td>7</td><td>工具运用</td><td>熟练利用资料自学，利用网络进行资料查询</td><td></td><td></td></tr>
<tr><td>8</td><td>任务完成</td><td>保质保量完成任务</td><td></td><td></td></tr>
<tr><td>教学反馈</td><td colspan="5">我对学习本工作过程的意见或建议</td></tr>
<tr><td>组长签字</td><td colspan="2"></td><td>组　　别</td><td colspan="2"></td></tr>
<tr><td>教师签字</td><td colspan="2"></td><td>日　　期</td><td colspan="2"></td></tr>
</table>

|学|习|情|境|二|

旅游服务人员职业素质

学习情境分析

不同的职业对素质的要求不一样。旅游服务综合性强、服务性强、关联度大、开放度高等特征决定了旅游服务从业人员特定的职业素质。本学习情景以培养旅游服务人员职业素质为工作目标,通过案例分析、模拟真实的工作场景等方法,引导学生完成旅游服务职业心理素质、应对工作压力与心理疲劳状况、培养旅游服务人员职业素质三个工作过程的学习,使学生了解旅游服务人员的职业心理素质是旅游服务员从事旅游服务工作,提高服务技术水平,获取工作成就的决定因素。

学习目标

知识目标:掌握旅游服务心理素质的构成

了解心理压力的种类和构成

了解心理疲劳的症状

掌握旅游服务人员职业素质的构成

能力目标:培养旅游服务职业的心理素质

培养旅游服务人员的职业素质

辨析心理压力的来源

辩证地看待职业压力

掌握心理压力的调试方法

调节心理疲劳状态

素质目标:培养学生服务意识

养成良好职业素养

树立良好职业形象

及时调整职业倦怠状态

提升个人能力

适应旅游服务工作的需要

工作过程一　旅游服务职业心理素质

【任务布置】>>>

<table>
<tr><td>学习情景二</td><td colspan="2">旅游服务人员职业素质</td></tr>
<tr><td>工作过程一</td><td colspan="2">旅游服务职业心理素质</td></tr>
<tr><td>教师行为</td><td colspan="2">1. 引导学生明确工作任务及资讯问题，对学生进行随机分组，组成本工作过程的学习小组。
2. 讲解并引导学生学习旅游服务职业心理素质、职业素质的构成，培养学生拥有旅游从业人员应具备的心理素质</td></tr>
<tr><td>学生行为</td><td colspan="2">在教师引导下，明确学习任务及要求，分组学习知识链接，查阅资料和文献，找出资讯问题的答案，初步掌握学习内容，能够利用所学知识完成实训项目</td></tr>
<tr><td>工作任务</td><td colspan="2">了解旅游服务职业心理素质的构成，有意识地培养自己拥有良好的心理素质</td></tr>
<tr><td rowspan="8">资讯</td><td rowspan="7">资讯问题</td><td>1. 简述旅游职业对服务人员心理素质的要求</td></tr>
<tr><td>2. 旅游职业人员应具备怎样的气质</td></tr>
<tr><td>3. 旅游职业人员应具备怎样的性格</td></tr>
<tr><td>4. 旅游职业人员应具备怎样的品德</td></tr>
<tr><td>5. 旅游职业人员应拥有怎样的意志力</td></tr>
<tr><td>6. 旅游职业人员应具备怎样的能力</td></tr>
<tr><td>7. 怎样培养旅游服务人员良好的心理素质</td></tr>
<tr><td>资讯引导</td><td>以上资讯问题请查阅本书知识链接，同时参考以下书籍：
1.《旅游心理》，人力资源和社会保障部教材办公室组织编写，中国劳动社会保障出版社，2008 年版。
2.《旅游服务心理素质与职业发展能力训练教程》，陈定樑著，浙江工商大学出版社，2011 年版。
3.《旅游心理服务与技巧》，人力资源和社会保障部教材办公室组织编写，中国劳动社会保障出版社，2008 年版。
4.《旅游心理学》，黄继元主编，重庆大学出版社，2003 年版。
5.《心理素质的养成与能力训练》，叶林菊著，南开大学出版社，2009 年版。
6.《心理训练：成就一生的心灵加法》，郑军著，华东师范大学出版社，2009 年</td></tr>
</table>

【知识链接】>>>

一、旅游职业对服务人员心理素质的要求

旅游职业心理素质是指旅游服务人员从事旅游服务工作应具备的各种心理品质素养的总和,大致有以下六个方面。

(一)气质

气质实际上是指某个人典型的表现于心理活动过程的速度和稳定性、心理活动过程的强度以及心理活动的指向性特点等动力方面的特点。

在旅游服务工作中,旅游这个特定职业对服务人员的气质有着特殊的要求,主要有三点:

①感受性、灵敏性不宜过高或者过低。感受性是指外界刺激达到多大强度时,才能引起人的反应。灵敏性是指人的心理反应的速度和动作的敏捷程度。

②忍耐性和情绪兴奋性不能低。要求服务员必须具有克服巨大心理压力的本领和较高的忍耐性及情绪兴奋性。

③可塑性要强。可塑性是指服务人员对服务环境中出现的各种情况及其变化的适应程度。

(二)性格

①努力提高文化水平,加强职业品德修养,保持乐观的心境。

②努力学习别人的长处,诚心接受别人的帮助。

③积极参加社会实践,在工作中检验自我修养的结果。

(三)情感

情感是人的心理生活的一个重要方面,是人对客观事物与人的需要之间关系的反映。

依据旅游职业的要求,服务人员的情感应具备以下四方面的内容:①要有良好的情感倾向性。②要有深厚的情感。③要有稳定而持久的情感。④要有较高的情感效能。

(四)意志

意志是人们为了实现预定目标而自觉努力的一种心理过程。对旅游服务人员来说,必须具备的意志品质有四种:自觉性、果断性、自制力、坚韧性。

(五)能力

人的能力都是借助于某个或者某几个基本条件而形成的。从旅游服务角度来看,服务人员应该具备以下一些能力:①敏锐的观察力。②良好的记忆。③稳定而灵活的注意力。④提高掌握、执行政策的能力。⑤较强的业务实施能力。⑥较强的交际能力。

那么旅游服务人员的交际时应该注意哪些问题呢？一是应该重视给旅客的第一印象。二是要有简洁、流畅的语言表达能力。三要有妥善处理各种矛盾的应变能力。四是要有招徕旅客能力。

（六）品德

品德属于性格中对现实的态度,在心理品质素养中有很重要的地位。旅游职业的品德,是随着旅游业的发展变化而形成和发展的。人们在长期的旅游实践活动中概括、总结、提练出许多调节旅游活动中人与人之间关系的准则,如"顾客至上,服务第一""诚实无欺、信誉至上""微笑服务"等。这些准则和规范就是对每个旅游服务人员在职业品德上的基本要求。良好的素质是德、智、体的全面发展和统一。德,从政治学的角度考察它的内涵,是指人的政治素质,包括政治觉悟、思想作风、社会品德和职业品德以及为实现崇高理想而具备的意志力等;从伦理学的角度考察它的内涵,包括一个人的品德理想、品德规范、品德行为和品德品质等。它是第一位的。作为一个旅游人员,其职业品德素质的高低,直接关系到旅游服务的质量,进而关系到旅游业的整体水平和形象,关系到旅游产业的盛衰。再者,职业品德是旅游从业人员的效益之源。古人说得好:"诚招天下客,誉从信中来。"旅游所要招的正是天下客,而其声誉只能从"诚""信"中得到。只有良好的职业品德,才有可能为游客提供尽善尽美的服务,进而赢得丰富的客源。只有这样,旅游人员和企业也才可能从中赚取效益和利润。反之,则不可能终身受益。高尚的品德、优良的情操和风范,不是天性,而是后天的修养,即中国传统文化一贯提倡的"修身"与"养浩然之气"。旅游人员职业品德的培养,是个综合的系统工程,需要方方面面的共同努力。从旅游人员自我修养而言,需要以一种与时俱进的姿态,从多方面持之以恒地加强修养和实践。

二、旅游服务人员心理素质的培养

（一）广泛的兴趣爱好

丰富的专业知识是做好导游工作的前提,而广泛的兴趣是其入门的先导。导游所服务的对象来自社会的各个阶层,他们所受教育的水平也不尽相同,甚至有很多游客来自不同的国家。因此,在参加旅游活动的过程中,游客会对景区景点的风光,风土人情等向导游提出这样那样的问题,作为一名导游,就必须有足够的知识储备,做到有问必答,言之有物,才能满足游客的这一需求。

随着时代的发展,现代旅游活动更加趋向于对文化知识的追求。人们外出旅游除了消遣度假外,还想通过旅游来增长见识,扩大阅历,这就对导游提出了更高的要求。为了适应游客的这种日益增长的需要,导游的知识面就要更广,要有真才实学。只有这样,导游的讲解才能以渊博的知识做后盾,做到内容丰富。由此可见,丰富的知识是做好导游工作的前提。而只有兴趣广泛的人,才可能有如此广博的阅读面。因此,广泛的兴趣是导游必备的心理品质。

(二)处危不惊的意志品质

意志是指人克服困难达到一定目的的心理过程,它能促进认知的不断深化,也控制着情感的健康发展,是人的心理素质健康发展的保证,它体现在人的独立性、坚定性、果断性和自制力之中。对于旅游从业人员来说,意志的独立性和自制力显得尤为重要。旅游从业人员大多数时间是一个人独立工作,这就要求他们能主动积极地完成工作,对于一些突发事件能妥善处理,不受旁人和其它物质因素的影响,在任何情况下都能自觉维护旅游企业的形象,旅游从业人员还应善于自我控制,在任何情况下,面对任何困难和刁难的客人都能够心平气和,把礼貌待客坚持到底。

(三)良好的语言表达能力

在旅游过程中,导游的各种心理品质主要是以言语体现出来的,导游活动的过程也主要是与游客言语交往的过程。此外,导游讲解就是通过导游的语言表达,向游客传达各种信息。因此,具备较好的语言表达能力是做好导游服务工作的关键。

(四)良好的记忆能力和观察能力

由于旅游者来自四面八方,性情迥异,其旅游动机也各不相同,这就要求旅游服务人员在与旅客接触的较短时间内,从客人的着装、表情、随身携带的物品、说话的口气、气质等方面做出准确的判断。判断是新客还是熟客,是什么身份和地位等,以便做好相应的接待和服务。

因此,一个称职的服务人员必须具有良好的观察能力和记忆,这是做好旅游服务工作的前提。如通过旅客的衣着服饰、面目表情、各种人体姿态语言来分析旅游者当时的心情和心理需要,这也是旅游企业提供个性化服务不可缺少的人才素质。另外,还应努力培养服务人员记住别人的姓名和房间号码的能力,因为能在短时间内礼貌地道出客人的姓名,能极大地满足客人的自尊心,优秀的服务人员总是能通过这一方法来博得客人的好感和好评。导游应有良好的感知力和观察力,要善于观察旅游者并敏锐地感知其不同的心理反应,及时调整导游讲解和服务,采取必要的措施、运用多变的手法,保证旅游活动的顺利进行。

(五)灵活机动,有一定的预见能力

导游应善于从各种现象或得到的各种信息中预见可能会出现的困难或是危险,以平静的心态,审时度势,并且灵活机动地采取相关措施以避免和消除可能发生的意外事故。

(六)良好人际交往能力

善于社交的人在社会上广受欢迎,所承受的社会压力比别人要小,成功的概率也相对提高,正如著名的美国学者卡耐基所说:“一个人的成功,只有百分之十五是由于他的专业技术，而百分之八十五则更靠人际关系和他的做人处世能力。”

旅游行业恰好是与人打交道的行业。一个旅游从业人员每天可能会与十几个甚至上百个人进行交往。而旅游交往的短暂性、公务性和不对称性的特点使我们不能遵循“路遥知马力，日久见人心”的古训，因此第一印象在双方交往中的作用便显得特别明显。所以在日常学习中，礼仪礼貌应作为一个基本素质加以训练，要在生活中学会亲切地说话，以礼待人，养成微笑着与人交流的良好习惯，学会尊重、理解、宽容，克服怀疑、自私、嫉妒等影响人际交往的心理障碍，从而有效地拉近从业人员与旅客之间的心理距离，使双方关系和谐发展。

【计划、决策与实施】>>>

<table>
<tr><td>学习情景二</td><td colspan="4">旅游服务人员职业素质</td></tr>
<tr><td>工作过程一</td><td colspan="4">旅游服务职业心理素质</td></tr>
<tr><td>学生行为</td><td colspan="4">进行成员任务分配，制订工作计划，讨论计划的科学合理性，完善计划并做出最终决策；通过查阅互联网、相关书籍或知识链接资料，搜集自我认识的资料等实施决策，深入认识知觉、态度理论的现实性意义，意识到自我认识在社会生活中的重要性，进行总结</td></tr>
<tr><td>教师行为</td><td colspan="4">督导学生分组讨论，审核工作计划，，提出修改建议，引导学生做出正确的决策，对学生的具体分析和完成各项任务进行答疑与督导，并观察学生的表现</td></tr>
<tr><td rowspan="11">计划、决策与实施</td><td>序号</td><td>实施步骤</td><td>操作要领</td><td>参考资料详细地址</td></tr>
<tr><td>1</td><td></td><td></td><td></td></tr>
<tr><td>2</td><td></td><td></td><td></td></tr>
<tr><td>3</td><td></td><td></td><td></td></tr>
<tr><td>4</td><td></td><td></td><td></td></tr>
<tr><td>5</td><td></td><td></td><td></td></tr>
<tr><td>6</td><td></td><td></td><td></td></tr>
<tr><td>7</td><td></td><td></td><td></td></tr>
<tr><td>8</td><td></td><td></td><td></td></tr>
<tr><td>9</td><td></td><td></td><td></td></tr>
<tr><td>10</td><td></td><td></td><td></td></tr>
<tr><td>组长签字</td><td colspan="2"></td><td>组　别</td><td></td></tr>
<tr><td>教师签字</td><td colspan="2"></td><td>日　期</td><td></td></tr>
</table>

【评价、检查与反馈】>>>

学习情景二	旅游服务人员职业素质					
工作过程一	旅游服务职业心理素质					
学生行为	1. 对旅游服务职业心理素质工作任务完成情况进行自我检查和反思，填写检查表 2. 能利用所学的理论知识完成实训项目，总结学习中的收获与体会，进行自我评价，并对本小组的成员表现进行逐一评价，填写评价单和学习反馈单					
教师行为	听取学生成果汇报，检查学生学习任务完成情况，并指出不足及修改建议，对学生的学习表现进行评价，通过学生教学反馈总结教学的不足，制订工作改进计划					
评价	评价类别	项目	子项目	个人评价	教师评价	组内互评
	专业能力（60%）	资讯（15%）	搜集信息查找资料(5%)			
			引导问题回答(10%)			
		计划实施（20%）	工作流程的正确性(2%)			
			方案设计科学性(3%)			
			实施操作正确性(10%)			
			知识的运用(5%)			
		检查（5%）	全面性、准确性(3%)			
			异常情况排除(2%)			
		结果（20%）	演示汇报(10%)			
			知识技能掌握(10%)			
	社会能力（20%）	团结协作（10%）	对小组的贡献(5%)			
			小组合作配合情况(5%)			
		敬业精神（10%）	吃苦耐劳精神(5%)			
			学习纪律性(5%)			
	方法能力（20%）	计划能力（10%）				
		决策能力（10%）				

续表

	序号	检查项目	检查标准	学生自检	教师检查
检查	1	目标认知	工作目标明确,工作计划周密,具有可操作性		
	2	理论知识	基础理论知识的全面掌握		
	3	基本技能	能够运用基本的理论进行实践思考、分析、解决问题		
	4	学习能力	能在教师指导下,全面掌握相关知识和技能		
	5	工作态度	主动参与,积极完成工作任务		
	6	团队合作	积极与他人合作,共同完成任务		
	7	工具运用	熟练利用资料自学,利用网络进行资料查询		
	8	任务完成	保质保量完成任务		
教学反馈	我对学习本工作过程的意见或建议:				
组长签字			组　别		
教师签字			日　期		

工作过程二　工作压力与心理疲劳

【任务布置】>>>

学习情景二	旅游服务人员职业素质
工作过程二	工作压力与心理疲劳
教师行为	1. 引导学生明确工作任务及资讯问题,对学生进行随机分组,组成本工作过程的学习小组。 2. 讲解并引导学生学习工作压力、心理疲劳等基础理论知识,使学生能够正确面对心理压力并能积极调试心理倦怠

续表

<table>
<tr><td>学生行为</td><td colspan="2">在教师引导下，明确学习任务及要求，分组学习知识链接，查阅资料和文献，找出资讯问题的答案，初步掌握学习内容，能够利用所学知识完成实训项目</td></tr>
<tr><td>工作任务</td><td colspan="2">了解职业压力的来源及原因，能够正确面对职业压力、心理倦怠，并能积极调试疲倦心理状态</td></tr>
<tr><td rowspan="10">资讯</td><td rowspan="9">资讯问题</td><td>1. 工作中出现的哪些情况会让人产生压力</td></tr>
<tr><td>2. 工作压力大会出现哪些心理状态</td></tr>
<tr><td>3. 工作压力大会出现哪些行为</td></tr>
<tr><td>4. 什么是心理疲劳</td></tr>
<tr><td>5. 心理疲劳有哪些表现</td></tr>
<tr><td>6. 怎样预防心理疲劳</td></tr>
<tr><td>7. 消除心理疲劳的方法有哪些</td></tr>
<tr><td>8. 所有的放松方式都是健康的吗</td></tr>
<tr><td>9. 健康的放松方式有哪些</td></tr>
<tr><td>资讯引导</td><td>以上资讯问题请查阅本书知识链接，同时参考以下书籍和网页：
1.《旅游心理》，人力资源和社会保障部教材办公室组织编写，中国劳动社会保障出版社，2008 年版。
2.《旅游服务心理素质与职业发展能力训练教程》，陈定樑著，浙江工商大学出版社，2011 年版。
3.《旅游心理服务与技巧》，人力资源和社会保障部教材办公室组织编写，中国劳动社会保障出版社，2008 年版。
4.《旅游心理学》，黄继元主编，重庆大学出版社，2003 年版。
5. http://www.med66.com，医学教育网。
6. http://www.chinajs120.com，中国精神健康网</td></tr>
</table>

【知识链接】>>>

一、旅游企业员工的职业压力

（一）职业压力的定义

职业压力是指当职业要求迫使人们作出偏离常态机能的改变时所引起的压力。压力是一种动态情境，在这种情境中，个体要面对与自己所期望的目标相关的机会、限制及要求，并且这种动态情境所产生的结果被认为是重要而又不确定的。压力是个体对各种刺激做出生理、心理和行为反应的综合模式。与压力相关的几种主要因素是压力源、个体对压力源的认知、紧张状态。

职业压力在个体身上造成的后果可以是生理的、心理的，也可以是行为方面的。职业压力引起的生理反应有心血管疾病、胃肠失调、呼吸系统问题、癌症、关节炎、头痛、身体损伤、皮肤机能失调、过度疲劳以及死亡。研究表明，冠心病（CHD）与人在工作中的紧张状态有关。工作上的问题和不满，工作中的压力（例如沉重的工作负担），以及A型行为模式均是引起冠心病的危险因素。A型行为模式主要表现为强调竞争、高度的责任心，工作时的极其投入、应付来自日常生活的种种挑战和保持十分活跃繁忙的生活习惯，遇事敏捷但急躁、生活上匆匆忙忙、许多行为带有冲动性等。

（二）职业压力的表现

职业压力引起的心理反应则有焦虑、沮丧、不满、厌倦、心理疲惫、不良情感、机能不全、自重程度低、自我疏忽、精神疾病、愤懑、压抑以及注意力无法集中。研究表明过度的工作负荷指标与悲伤、不愉快及情感抑郁呈正相关关系。

常见的职业压力表现在日常生活中，我们如何警惕那些会对我们造成伤害的压力呢？职业压力会在心理、生理、行为三个方面表现出来，见下表：

心理症状	生理症状	行为症状
焦虑、紧张、迷惑和急躁	心率加快，血压增高	拖延和避免工作
疲劳感、生气和憎恨	肾上腺素和去甲肾上腺素分泌增加	表现和生产能力降低
情绪过敏和反映过敏	肠胃失调	抽烟喝酒频率增加，吸毒
感情压抑	身体受伤	完全无法工作
交流的效果降低	心脏疾病	去医院次数增加
退缩和忧郁	呼吸问题	为了逃避而饮食过度
孤独感和疏远感	汗流量增加	由于胆怯而减少饮食
厌烦和工作不满	皮肤功能失调	没有胃口、消瘦
精神疲劳、低效能工作	头疼	冒险行为增加
注意力分散	癌症	侵犯别人、破坏公共财产
缺乏自主性和创造性	肌肉紧张	与家人、朋友关系恶化
自信心不足	睡眠不好	自杀或试图自杀

职业压力会引起生理、心理和行为上的改变，其中最为敏感的指标是个体情绪的变化，当你觉察到自己的情绪在长时间内都处于焦虑、紧张、情绪低落的状态，这也许不仅仅是情绪问题，它提醒你关注自己的工作、生活和健康。

二、心理疲劳

（一）心理疲劳的产生

工作疲劳表现在心理方面称为心理疲劳。心理疲劳主要表现在以下方面：注意力不集中、精神紧张、思维迟缓、行动吃力,在情绪上的表现是情绪低落、浮躁、厌倦、忧虑等。简单地说就是什么也不愿意干,即使干了也干不好。心理疲劳本质上是一种紧张。心理疲劳产生的原因很多,主观方面的如挫折、内心冲突、焦虑、人际关系紧张、不满意当前的工作等。客观方面的原因是通过人的心理而起作用的,也就是说客观事件首先产生心理影响,而后者带来心理疲劳。

(二)心理疲劳的表现

在工作中有时会发现有这样的人:他们总感到疲乏,精神萎靡不振,休息后也难以恢复,或者稍一活动就出虚汗,感到疲惫不堪,这种现象称为病态疲劳。病态疲劳既有生理原因,也有心理原因。通常这类表现可能是病后虚弱或是某种疾病的先兆或外在表现。如果出现这种情况必须加以重视,万不可掉以轻心,首先要确定是否有生理原因。然而有些人没有任何生理原因,却总是无精打采,注意力不集中,情绪消沉,或狂躁或抑郁,动辄叫苦叫累。这类人的这种表现就属于心理疲劳,其原因可能是前面我们谈到的一种。心理疲劳的直接外在表现就是情绪不好,叫人难以接触合作。内在的心理焦虑通常伴随一些外在的生理反应,即所谓心理问题生理化现象。这与前面我们谈到的心理疲劳没有生理原因并不矛盾,这种生理反应是心理疲劳的结果而非起因。心理疲劳生理化现象是心理疲劳持续时间过长的结果。心理疲劳也会消耗人体储存的能量,这些能量是为人的生理活动和心理活动提供动力的。过分的能量消耗会使人补偿这些能量的能力下降,生物低潮就可能频频出现。由于为机体进行生化反应及心理活动提供能量的能力受损,造成能量缺乏,结果导致控制和抵御疾病及精神紧张的能力下降,因而增加了疾病的发病率。

一般情况下,生理疲劳持续时间相对较短,心理疲劳延续时间长。生理疲劳经过休息或睡眠就能消除,但要彻底消除心理疲劳及其产生的结果则很困难。人们一旦深陷心理疲劳之中,他们的言行更显压抑,性情急躁、冷淡、失去幽默感,对睡眠、电视以及幻想丝毫不感兴趣,工作效能下降,患病率增加。心理疲劳常见的生理反应包括(也可以说是易带来的疾病)高血压、溃疡、心脏病、肺气肿、溃疡性结肠炎、痉挛性结肠或痔疮、泌尿生殖系统易发感染;成人后常生粉刺、皮炎、湿疹、无原由的皮肤瘙痒、背痛、偏头痛等。如果你患有这些疾病,就意味着你可能已长期陷于心理疲劳之中,这时不可掉以轻心,要及时查找原因,寻找解决办法。心理疲劳一旦引起生理疾病,如果不及时治疗并消除心理原因,疾病会形成和发展下去。即使心理原因不存在了,疾病也不会因此而得到痊愈,并可能转化成慢性疾病,给人带来痛苦。

案例分析

人们在紧张疲劳时容易大量吸烟、酗酒或过量进食以排解自身的紧张感,请问这样有效果吗?

分析提示

在心理疲劳发生时，有些人容易出现如大量吸烟、酗酒或大吃大嚼过量进食现象。这些手段只适合在运用的当时，由于它们有一定的刺激作用，在心理感觉上对心理疲劳有缓解作用。但这种缓解是不真实的，只是由于一种刺激的存在，在大脑皮层所产生的兴奋点掩盖了其他兴奋点，使人暂时忘却了心理疲劳所产生的痛苦。这样做没有长久效果，如果长期下去对身体会产生新的不同程度的损害，而且还可能带来新的心理问题，如成瘾、烟酒依赖等，所以不要长期使用这类方式抵御心理疲劳。

三、心理疲劳的预防和消除

有这样一个故事，一个人由于有吸吮手指的毛病，他去看心理医生。经过一段时间的治疗后，这个人对治疗效果很满意，并把这件事讲给一位朋友听。那位朋友说："那么，你不再吮你的手指了？"他回答说："噢，不，我还是像以前吮得那么厉害，但是，现在我知道为什么吮了。"在生活中，许多人可能面临同样的问题，知道心理疲劳现象，也知道心理紧张所带来的危害，但却苦于找不到控制的办法。总结以往研究成果，本书得出预防、缓解、消除心理疲劳的几种行之有效的方法。

（一）睡眠

前面我们已经探讨了睡眠和运动对消除生理疲劳的作用，同样睡眠和运动对消除心理疲劳也是行之有效的。良好的睡眠，正常的梦境对维持人的心理平衡是必需的。在此需要强调好的睡眠不是没有梦的睡眠，梦不会使人疲劳，它恰恰是睡眠质量好的保证。但噩梦除外，如果一个人经常作噩梦，并常被噩梦惊醒，那意味着他存在心理问题。另外好的睡眠不是睡得越多越好，睡得时间过长会导致情绪低落，而被动的无法控制的嗜睡则可能是某些神经疾病的征兆。

（二）运动

我们通常把运动理解为增强体质的一种方法，事实上运动在增进心理健康上也是必不可少的。选择一种恰当的运动形式有助于减轻和消除心理疲劳。运动形式的选择一般要考虑两个因素：一是适合本人的身体状况，决不能不顾本人身体状况去参加自己体力和技能所不允许的运动，否则会损害身体健康；二是你所选择的运动形式能给你带来快乐体验，这一点很重要。人们在从事自己喜欢的运动时，容易做到全身心地投入，全身心投入某一运动中使自己处于一种“忘我”状态，这种状态有利于心理疲劳的恢复。分析大脑皮层活动机理就可以理解“忘我”状态为什么具有这种作用。在运动时，与该运动相关的大脑皮层部位产生强烈而稳定的兴奋，大脑皮层其他区域则相应转入完全的仅次于睡眠时的抑制状态，这些处于抑制状态的大脑皮层就得到了很好休息。而心理疲劳一般发生在大脑主管抽象思维区域,在运动时这些区域进入抑制状态,因而它们就得到了休息。

在现代社会生活中,人们承受过大的工作压力,缺乏进行体育活动的时间和机会,而相应的大脑主管抽象逻辑思维的区域则经常处于过劳状态。所以适当地进行体育活动对生活在都市中的人们是有益的。如果参加自己不喜欢的运动,这种情况下人很难把全部身心都投入到活动中,注意力处于漂移状态,大脑皮层兴奋区域不稳定,兴奋强度也不大,所以不能带来大脑皮层其他区域强而稳定的抑制,自然也就不能使这些区域得到良好的休息。总之,运动有助于心理疲劳的恢复,但运动形式的选择需要注意两点:一要适合自己的身体状况力所能及,二要喜欢感兴趣。

(三)营养

消除疲劳除了适当地休息和运动之外,必要的营养也是必不可少的,疲劳本身就有能量缺乏原因,营养能为我们消除疲劳提供必需的能量。关于营养问题,在此我们强调适量和平衡。只有满足这两点,人所摄入的营养才是有价值的,才对消除疲劳有用,否则还可能起到相反的效果。

在现代生活中从食物中获取热量已不成为问题,相反出现在人们身上的问题却是热量摄取过剩。人体摄入过量的淀粉、糖分和脂肪不但无助于疲劳消除,而且会增加身体负担,加重疲劳现象。平衡的食品包括新鲜的蔬菜和水果、牛奶及牛奶制品、肉类。因此在日常生活中可多食用这些食物以提供充足的营养满足身体所需,同时,工作本身具有吸引力能从根本上消除产生心理疲劳的条件,所以工作扩大化是克服心理疲劳的良方。当然工作的扩大化和丰富化会在某种程度上增加管理的难度,同时对管理者也提出了更高的要求,但相对于消除心理疲劳和提高工效而言,这样做还是很有价值的。

此外如果工作过程缺乏吸引力而工作结果有吸引力,也有助于减少或降低心理疲劳。这类因素包括诸如:工资待遇较高、上下级以及同事关系融洽、工作环境好、升迁机会多、工作本身受尊敬,等等。这些工作以外的东西如果富有吸引力,会减轻心理疲劳或降低心理疲劳的发生率。由于结果的诱惑,人们可以调动主观能动性以克服厌倦感。

根据工作的性质,在工作期间合理安排一些短暂休息,能提高工作效能。研究表明:连续工作时间越长,疲劳程度越大,工作差错率就越高。工作中如果有短暂的休息会使工作者感觉更好,减少心理疲劳。

四、放松方法

了解和学会如何控制心理疲劳都需要时间。人们需要时间去学习、观察、分析,以及促使人的心理转化为平衡的状态。然而心理疲劳都是在人了解和学会控制它之前就发生了。由于心理疲劳导致人们适应困难和精疲力竭,就产生了对简易有效的松弛方法的需求。

（一）放松的理解

近期研究已证明，松弛有卓有成效的防御威力。在一项研究中，人们发现每天中午午休20分钟左右的大学生比根本不午休的学生明显地少得病。另一研究表明经常沉思的人一般睡眠很好，他们对生活中紧张琐事更具有思想准备，并且自我感觉无论在心理还是在生理上都更加和谐一致。当我们真正感觉神经松弛，我们就感到内心平静，精力易于集中，生活充满活力和具有强烈的追求。这些事实都说明松弛对心理疲劳产生的恶果来说是十分有效的抗毒剂。从某种意义上讲，我们大家都已懂得这个道理，也已发现通往“松弛”的路。唯一的问题是人们对松弛神经的活动的态度还需端正。有的人活动一会儿，只是为了暂时地逃避自身的紧张情绪，实际上这是一种消极松弛，这种“松弛”的做法，归根到底是再制造紧张，产生额外的紧张，而原来的紧张并未得到缓解。在生活中我们常见到这样的例子。在紧张开会之间的休息时间，许多人走出会议大厅，立即走向摆有咖啡和茶的桌边。当他们自己希望用一杯咖啡或一杯茶来解除紧张的时候，可能绝没想到这样做却实实在在地产生了相反的效果。咖啡和茶是刺激物，它促使人们中枢神经系统兴奋，毫无疑问，这种刺激物的效果能产生暂时精力旺盛和舒适的快感，但从长远来看，饮用咖啡和茶的结果是消耗了我们的精力贮存———维生素B、碳水化合物，以及其他身体所需的用于控制紧张的营养物。咖啡、茶、甜食等等，这些常常是用白精面粉以及别的高质量成分做成的食品，当它所含的精炼糖很快进入血管时，它便产生暂时的精力“旺盛”期，这种糖分的急速增长是很快的，是由于胰腺内大量的胰岛素分泌，以及血糖标准迅速下降的原故。血糖标准的突然下降表明体内急需糖分，同时也是使能量进入血液的标志。如果人体不能吸收额外的糖分以补偿血糖下降，那么便会精力不济，四肢颤抖，大量出汗。这一消极的效果帮助解释了为什么那些早餐喜欢吃糖、油脂点心或其他糖类食品的人，一天里常喜欢零食。他们企图用食糖和精制食品来提高自己正趋下降的血糖标准，结果却事与愿违地引起了新的循环的完结。很显然，这种行为并非是“松弛”。

吸烟是一种许多人在休息时普遍采取的放松做法。吸烟与吃糖食和饮咖啡一样，最初带来松弛和休息了的感觉，然而随之而来的却是更持久的恶果。从这点上看，松弛的根本在于心理疲劳本身的消除。吸烟是自身引起紧张反应的根源，因为它把尼古丁带进血液，把焦油和树脂类物质带进肺部。与咖啡、茶一样，烟也具有刺激性，它不但没有减轻压力，反而进一步增加了紧张成分。以上提及的“松弛”行为实际上并非松弛。它们只是真正地“暂停”了心理疲劳行为。从社会意义上讲，这只是暂且缓解心理疲劳的方法。不幸的是：这些方法不但未真正涉及心理疲劳的根源，也未提供可靠的恢复活力的松弛、舒张疗法。专家们把以下几种人们普遍认为有松弛作用的物质的功能做过分析。

以上这类的行为,如用咖啡、饮酒、吸烟之类在其他方面也许有其益处。它们进入我们的社交活动中来,并常常使人们纵情地食用。但值得强调的是无论出现什么样的短时间后果,它们对于人们的神经“松弛”是没有效果的,任何想控制心理疲劳,寻求真正的放松的人必须另寻它法。

真正对放松办法的理解是弄懂什么样的表现才是松弛状态,身心放松的标志包括:

①心率缓慢并趋平静;

②呼吸深沉;

③肌肉放松;

④四肢微热或舒软,或两者兼有;

⑤心境平静;

⑥身体有足够至少几小时的精力以供工作;

⑦整个身体得以从疲劳中恢复。

表2-1　不良放松方法分析

暂缓紧张的行为	目的	效果
吸烟	暂时提神	精力上升营养损耗 睡眠不好消化不良
喝咖啡、茶	神经兴奋	精力旺盛营养损耗 睡眠不好消化不良
药物,古柯硷(用于局麻)安非他明(刺激性药)	神经兴奋	精力旺盛营养损耗 睡眠不好运动失调、过度
过食酒精饮料	脑神经中枢系统减弱(血管扩张)	精力损耗消化系统失调潜大脑能力损伤
饮烈酒	脑神经中枢抑制, 肌体松弛(血管扩张)	精力损耗

松弛也是一种概念,一般说来身体的感觉和体验是真正的松弛。当我们获取了这一成功的松弛效果时,我们方能感觉克服了疲劳,恢复了活力,精力充沛,对工作有了新的准备,准备继续干我们有兴趣干的事。

然而,怎样的行为能够达到这种有效的恢复精力、体力松弛的效果呢?

表2-2 科学放松方法分析

松弛方法	目的	效果
肌肉松弛疗法	放松肌肉和内部器官	睡眠良好,精力得以恢复,内部器官功能运转正常,缓解紧张
深呼吸练习操	肌肉放松(血管扩张)	精力得以恢复,呼吸深沉,缓解紧张
沉思	肌肉放松,感觉平静,自控情绪	精力得以恢复,增强体质,缓解易怒情绪,睡眠深沉
自身训练	降低血压 增加四肢热量 增强血液循环	加快血液循环,缓解肌肉紧张,降血压,睡眠好

1. 正确放松的效果

从表中内容可看出,这些控制方法能用于放松神经、暂停兴奋状态。促进血液循环,增加体温,并且增加能量标准。较长期的效果包括促成肌肉组织处于平静、放松的正常状态,促成生物自我抑制状态(即肌肉自我恢复),增强血液循环达到最高要求,促进深邃而有规律的呼吸(较好的血液充氧作用),为工作和体力活力增加尽可能多的精力和能量,促成积极的心理状态,并且增强我们控制紧张的能力。松弛方法能用于各种不同的目的。我们可以暂时的放松神经或是缓解紧张状态,我们也可以加强自身的能量水准,驱散消极情绪,促成积极的心理状态,当我们睡眠不足时,还能利用某种方法休息片刻,以获取暂时所需的能量。最后,我们还能利用这些方法,保持工作中的镇定情绪,这样将会使我们镇定自若地解决棘手的问题(完成任务),并且有效地控制紧张状态。在这种积极的心境之中,我们定能对付可能存在的一切危机。

2. 放松练习的规则

放松的准备工作对任何放松技术的效果都有决定性的影响。如果准备不充分,没有坚持照松弛所要求的规定去做,那么将影响放松练习的效果。例如,如果你做深呼吸肌肉放松练习,却穿着紧身服(带着腰带,领带,手表,皮带),那么你将发现自己身体的某些部位并未放松。这些部位的紧张感简单来说,就是来自外部穿着而产生压力的结果。有的人对此十分恼火,因而越发产生紧张,达不到放松的目的。以下是帮助你做放松练习所需的一般规则。

①设想一个舒服的姿势。假如你想放松自己,你身体保持的姿势能绝对地影响放松效果。这第一条规则是基于这样一个事实——当你肌肉处于工作状态时,它们就紧张;假如你设想一个使肌肉组织运动的姿势,那么你便促成了一种紧张状态。更特别的是,

你应该设想一个舒服的姿势,这一姿势使你的肌肉由某种造型动作所支撑起来,你的肌肉可以不必使劲支撑身体。躺在沙发或床上,坐在躺椅上,都是保持身体最舒服的两种方法。如果没有椅背支撑头部,你枕上自己的手臂,那么手臂就被支撑着。

②放宽紧身衣裤,摘下珠宝首饰。触觉刺激是肌肉紧张的原因——这便是来自我们触觉接收的信息,它通过神经组织传给大脑。为促使放松加速,最好是减少这样的触觉产生和紧张的出现,防止方法是放宽你的紧身衣裤,摘下珠宝首饰。

③在安静、平静环境中放松。遵循以上规则,你会希望尽量减少外界刺激,它们包括噪音、气味和运动。最理想的是,你应该安静,避开噪音、烦恼和侵扰(把电话听筒放入电话架,或在此时谢绝电话),在黑的或光线暗淡、空气新鲜、没有怪味儿的环境中做放松练习。最后,避免或尽可能少的激动。

④设想一种观察态度。在做以下的放松练习时,目的并不是促使某种感觉或思想产生和被动地观察事物,所以才能更易注意到你所体验的东西。这种方法要求你对这一自我体验抱以积极的态度,而不是强迫控制和调节自己。你会注意到当做特殊动作时,能放松自己。但不能强迫自己达到这一目的,你可以呼吸、运动和观察,那么紧接而来的便是神经松弛。有的人也许注意到:采取一种消极的观察态度无异于破坏行为,他们会变得情绪暴躁;这类人更需放松。生活事实告诉我们,我们不能直接地控制每一个行为,但可以间接地控制或影响许多事,这即是说,用观察的方法来控制生活而非武断地干预。

⑤允许花费一定时间。首先,需花费一定的时间来做放松练习。有的练习需要 30 分钟才能完成,有的只需 5 分钟或 10 分钟便可以完成。为避免一开始就出现困难局面,每次事先准备时间用 30 分钟,这是十分重要的。你将发现你放松反应所需的时间将随有规律地练习缩短。

⑥有规律地安排放松练习时间。每天做放松练习是有益的、可取的,最好刚开始时每天做两次或至少做一次。绝大多数人觉得当他们像学习其他技巧一样学习这一技巧时,确实是这样,这时的借助工具就是自己的身体。每天在同一时间里做练习,最好制定一个规则,持之以恒是成功的因素。睡前放松会促进睡眠。睡觉前时间是学习放松疗程最理想的时间,因为睡觉前的时间也相对固定。

⑦持之以恒的练习。虽然任何人需在放松状态下工作,这看来有点矛盾。放松是一种技巧。我们学会走路,谈话,但仍未学会放松自己;相反的,学会了如何把自己投入紧张状态之中。无论怎样,愈加锻炼放松自己,就愈加能获取积极有效的结果。

(二)工作疲劳的测定

全面测定工作疲劳并得出明确的量化指标难度很大。目前谈到工作疲劳的种类很多,一般无法一一测定,通常对疲劳的测定是指单纯测定生理疲劳。至于哪些因素对生理疲劳产生影响,心理因素对生理疲劳的影响作用有多大,怎样在测定结果中区分出心理疲劳因素,难度都非常大,在此我们不加以区分。

1. 疲劳反应的种类

疲劳反应大致表现在三个方面:

①身体情况的变化,包括脉搏、血压、气体代谢等。

②完成某种专门任务时工作能力降低状况。具体表现:对某种信号的反应迟钝,忘掉了在文章中删去某个字母,记不住各种数据等。

③感到疲乏。

2. 测定疲劳的方法

(1)脉搏测定

首先测定被试者在安静状态下的基础脉搏,然后测定在工作中其脉搏的变化。其生理学依据是随着疲劳的增加,脉搏次数也会增加。在具体测量时,一定要把被测者瞬间剧烈活动导致的心跳急剧加速的情况排除掉。

(2)动作测定

动作测定也叫时动研究,最早由科学管理创始者之一的美国机械工程师泰罗创立。他把人的工作动作拍成照片或电影,研究其动作各组成部分的合理性和时间,主要用于提高工效。后来的研究发现,动作测定对研究疲劳也是很好的方法。随着疲劳的增加,人体动作照片发生变化,即疲劳发生后动作多了、幅度大了,周期性的准确程度差了。

(3)反应时测定

这种方法是测定被测者对刺激作出反应的时间、速度。通常方法是给被测者以光、声音或者触觉刺激,被测者接受到刺激就按面前的按键,记时器会自动记录下从刺激出现到被测者作出反应的时间间隔。实验心理学研究表明:人在正常状态下,经过一定的训练后,对光的简单反应时是200~250毫秒;对声音或触觉的简单反应时是150毫秒左右。当疲劳出现时,反应时间会延长,也就是说被测者疲劳时,其反应速度下降。在整个测试中将全部结果换算成反应时的平均数,把它与常态标准比较,或者根据反应时偏离常态标准的幅度,作为疲劳程度的标志。第一种指标能反映出整个测量时间内被测者的疲劳状态;第二种指标能确切反映出某一时段的疲劳状况。上述方法中脉搏测定和反应时测定使用起来比较简单,不需要复杂的程序和仪器。现在通常使用电子脉搏仪和电子记时器进行脉搏和反应时测定。这类测定一般不需要花费太多的时间,用这类方法测定饭店员工的疲劳状况是可行的,对正常工作影响很小。动作测定则需要专门器材,这类器材价格较高,使用成本高。另外就旅游企业的工作性质而言,这类工作大多没有规律性的动作,难以比较和发现被测者动作的变化。所以一般最好尽量少采用动作测定法。

(4)自我感觉测定

这是一种主观性较强的方法,心理学上也称为内省法。主测者每隔一段时间询问被测者“你有什么疲劳感觉?”主测者根据被测者个人的主诉来了解他的疲劳状态。这种方法缺乏客观性指标,只能依据被测者自诉进行评定,同样的语言表述对不同的人而言可能代表着不同的含义。因此这种方法在准确性把握上较难,可以把这种方法称为模糊性研究方法。

工作疲劳本身是一种综合性反应,其中既有生理因素也有心理因素,机体生理变化和心理变化同时存在。所以在进行疲劳测定时如果条件允许的话,既要进行生理指标的测定,也要进行心理指标测定,这样才能全面反映被测者疲劳状况。

案例分析

一个大学毕业生和一个职业高中毕业生同样做前厅接待员,前者可能很快便觉得这项工作简单、乏味,产生厌倦感,进而可能由不喜欢干到不想干,可以想象他的工作效能肯定会随之降低。后者尽管也知道这项工作并无多少趣味,却未产生厌倦感,工作很努力。请问为什么会出现这两种截然相反的结果?

分析提示

究其原因并不复杂,大学生认为自己接受过高等教育,应该从事更复杂、更有挑战性的工作,或者比较重要的工作,如担任一些管理工作。而目前的工作不能体现其自身价值,所以面对接待员这个简单的工作就容易心生厌倦。职高毕业生可能没有过高要求,这项工作对他而言已经不错了,干好工作保住职位就满足了,所以他一般不会产生厌倦。从管理角度看待这个问题,我们得到这样的启示:并非素质好、受教育程度高就能干好工作,个人对其岗位价值的认识要与社会和个人对其自身价值的认识相匹配,这是干好工作的一个前提。工作绩效取决于能力和积极性两个基本因素。如果工作本身所具有的难度和价值与工作者对自身价值的认识相一致,则工作积极性高,能敬业乐业,如不一致就缺乏积极性。后一种情况是“非不能也,乃不为也”。一种解决办法是事遂人愿,每个人干自己想干的工作,但做到这一点几乎是不可能的。那么,只能从其他方面解决这个问题了。

【计划、决策与实施】

学习情景二	旅游服务人员职业素质
工作过程二	工作压力与心理疲劳
学生行为	进行成员任务分配,制订工作计划,讨论计划的科学合理性,完善计划并做出最终决策。通过查阅互联网、相关书籍或知识链接资料,搜集工作压力与心理疲劳的资料等实施决策,深入认识工作压力与心理疲劳的危害性,意识到调节心理疲劳在社会生活中的重要性,进行总结

续表

<table>
<tr><td>教师行为</td><td colspan="4">督导学生分组讨论，审核工作计划，提出修改建议，引导学生做出正确的决策，对学生的具体分析和完成各项任务进行答疑与督导，并观察学生的表现</td></tr>
<tr><td rowspan="11">计划、决策与实施</td><td>序号</td><td>实施步骤</td><td>操作要领</td><td>参考资料详细地址</td></tr>
<tr><td>1</td><td></td><td></td><td></td></tr>
<tr><td>2</td><td></td><td></td><td></td></tr>
<tr><td>3</td><td></td><td></td><td></td></tr>
<tr><td>4</td><td></td><td></td><td></td></tr>
<tr><td>5</td><td></td><td></td><td></td></tr>
<tr><td>6</td><td></td><td></td><td></td></tr>
<tr><td>7</td><td></td><td></td><td></td></tr>
<tr><td>8</td><td></td><td></td><td></td></tr>
<tr><td>9</td><td></td><td></td><td></td></tr>
<tr><td>10</td><td></td><td></td><td></td></tr>
<tr><td>组长签字</td><td colspan="2"></td><td>组　别</td><td></td></tr>
<tr><td>教师签字</td><td colspan="2"></td><td>日　期</td><td></td></tr>
</table>

【评价、检查与反馈】>>>

学习情景二	旅游服务人员职业素质
工作过程二	工作压力与心理疲劳
学生行为	1. 对工作压力与心理疲劳工作任务完成情况进行自我检查和反思，填写检查表。 2. 能利用所学的理论知识完成实训项目，总结学习中的收获与体会，进行自我评价，并对本小组的成员表现进行逐一评价，填写评价单和学习反馈单
教师行为	听取学生成果汇报，检查学生学习任务完成情况，并指出不足及修改建议，对学生的学习表现进行评价，通过学生教学反馈总结教学的不足，制订工作改进计划

续表

	评价类别	项目	子项目	个人评价	教师评价	组内互评
评价	专业能力（60%）	资讯（15%）	搜集信息查找资料(5%)			
			引导问题回答(10%)			
		计划实施（20%）	工作流程的正确性(2%)			
			方案设计科学性(3%)			
			实施操作正确性(10%)			
			知识的运用(5%)			
		检查（5%）	全面性、准确性(3%)			
			异常情况排除(2%)			
		结果（20%）	演示汇报(10%)			
			知识技能掌握(10%)			
	社会能力（20%）	团结协作（10%）	对小组的贡献(5%)			
			小组合作配合情况(5%)			
		敬业精神（10%）	吃苦耐劳精神(5%)			
			学习纪律性(5%)			
	方法能力（20%）	计划能力（10%）				
		决策能力（10%）				

	序号	检查项目	检查标准	学生自检	教师检查
检查	1	目标认知	工作目标明确，工作计划周密，具有可操作性		
	2	理论知识	基础理论知识的全面掌握		
	3	基本技能	能够运用基本的理论进行实践思考、分析、解决问题		
	4	学习能力	能在教师指导下，全面掌握相关知识和技能		
	5	工作态度	主动参与，积极完成工作任务		
	6	团队合作	积极与他人合作，共同完成任务		
	7	工具运用	熟练利用资料自学，利用网络进行资料查询		
	8	任务完成	保质保量完成任务		

续表

教学反馈	我对学习本工作过程的意见或建议		
组长签字		组　别	
教师签字		日　期	

工作过程三　旅游职业素质培养

【任务布置】>>>

<table>
<tr><td>学习情景二</td><td colspan="2">旅游服务人员职业素质</td></tr>
<tr><td>工作过程三</td><td colspan="2">旅游职业素质培养</td></tr>
<tr><td>教师行为</td><td colspan="2">1. 引导学生明确工作任务及资讯问题，对学生进行随机分组，组成本工作过程的学习小组。
2. 讲解并引导学生学习职业素质的构成，培养学生拥有旅游从业人员应具备的职业素质</td></tr>
<tr><td>学生行为</td><td colspan="2">在教师引导下，明确学习任务及要求，分组学习知识链接，查阅资料和文献，找出资讯问题的答案，初步掌握学习内容，能够利用所学知识完成实训项目</td></tr>
<tr><td>工作任务</td><td colspan="2">了解旅游职业素质的构成，有意识的培养自己拥有良好的职业素质</td></tr>
<tr><td rowspan="9">资讯</td><td rowspan="8">资讯问题</td><td>1. 简述素质与职业的关系</td></tr>
<tr><td>2. 旅游职业应具备哪些素质</td></tr>
<tr><td>3. 怎样培养良好的旅游职业素质</td></tr>
<tr><td>4. 旅游从业人员应具有怎样的身体素质</td></tr>
<tr><td>5. 旅游从业人员应具有怎样的知识素质</td></tr>
<tr><td>6. 旅游从业人员应具有怎样的道德素质</td></tr>
<tr><td>7. 旅游从业人员应具有怎样的人际交往能力</td></tr>
<tr><td>8. 旅游从业人员应具有怎样的组织协调能力</td></tr>
<tr><td>资讯引导</td><td>以上资讯问题请查阅本书知识链接，同时参考以下书籍和网页：
1.《旅游心理》，人力资源和社会保障部教材办公室组织编写，中国劳动社会保障出版社，2008 年版。
2.《旅游服务心理素质与职业发展能力训练教程》，陈定樑著，浙江工商大学出版社，2011 年版。
3.《旅游心理服务与技巧》，人力资源和社会保障部教材办公室组织编写，中国劳动社会保障出版社，2008 年版。
4.《旅游心理学》，黄继元主编，重庆大学出版社，2003 年版。
5. http://www.med66.com，医学教育网。
6. http://www.chinajs120.com，中国精神健康网</td></tr>
</table>

【知识链接】>>>

一、素质和职业素质

素质就是一个人在社会生活中思想与行为的具体表现。在社会上,素质一般定义为一个人文化水平的高低;身体的健康程度;以及家族遗传于自己的思维能力和对事物的洞察能力,管理能力和智商、情商层次高低以及与职业技能所达级别的综合体现。素质其本源为沟通的层次和传达的印象品位,分专业素质和社会素质。

职业素质是劳动者对社会职业了解与适应能力的一种综合体现,其主要表现在职业兴趣、职业能力、职业个性及职业情况等方面。影响和制约职业素质的因素很多,主要包括:受教育程度、实践经验、社会环境、工作经历以及自身的一些基本情况(如身体状况等)。一般说来,职业素质具有下列一些主要特征。

(一)职业性

不同的职业,职业素质是不同的。对建筑工人的素质要求,不同于对护士职业的素质要求;对商业服务人员的素质要求,不同于对教师职业的素质要求。李素丽的职业素质始终是和她作为一名优秀的售票员联系在一起的,正如她自己所说:“如果我能把10米车厢、三尺票台当成为人民服务的岗位,实实在在去为社会做贡献,就能在服务中融入真情,为社会增添一份美好。即便有时自己有点烦心事,只要一上车,一见到乘客,就不烦了。”

(二)稳定性

一个人的职业素质是在长期职业实践中日积月累形成的。它一旦形成,便产生相对的稳定性。比如,一位教师,经过三年五载的教学生涯,就逐渐形成了怎样备课、怎样讲课、怎样热爱自己的学生、怎样为人师表等一系列教师职业素质。于是,便保持相对的稳定。当然,随着他继续学习、工作和环境的影响,这种素质还可继续提高。

(三)内在性

从业人员在长期的职业活动中,经过自己学习、认识和亲身体验,觉得怎样做是对的,怎样做是不对的。这样有意识地内化、积淀和升华的心理品质,就是职业素质的内在性。我们常说,“把这件事交给小张师傅去做,有把握,请放心。”人们之所以放心他,就是因为他的内在素质好。

(四)整体性

一个从业人员的职业素质是和他整个素质有关的。我们说某某同志职业素质好,不仅指他的思想政治素质、职业道德素质好,而且还包括他的科学文化素质、专业技能素质好,甚至还包括身体心理素质好。一个从业人员,虽然思想道德素质好,但科学文化素质、专业技能素质差，就不能说这个人整体素质好。同样，一个从业人员科学文化素质、专业技能素质都不错，但思想道德素质比较差，我们也不能说这个人整体素质好。所以，职业素质一个很重要的特点就是整体性。

（五）发展性

一个人的素质是通过教育、自身社会实践和社会影响逐步形成的，它具有相对性和稳定性。但是，随着社会的不断发展，人们为了更好地适应、满足、促进社会发展的需要，总是不断地提高自己的素质，所以，素质具有发展性。

二、旅游职业素质及其构成

（一）旅游职业素质

旅游职业素质是指旅游从业人员在旅游职业活动中所要遵循的，与其旅游职业活动相适应的思想品德素质、生理素质、心理素质、科学文化素质和审美素质等一系列的素质要求。

旅游职业素质是在旅游实践活动中提炼、概括而成的，调节旅游活动中人与人之间关系的准则。旅游职业素质将随着旅游业的发展而不断进步和完善。

（二）旅游职业素质的构成

职业素质在职业生活中通过承担岗位任务、胜任岗位工作而表现出来。职业不同，对具体岗位从业者的职业素质要求不同。根据旅游职业的特点，可以将旅游职业素质归结为三类要素，即支撑要素（专业知识、技术、技能、实践能力）、拓展素质（学习能力、创新能力、团队协作和沟通能力）、保障要素（身心健康、职业道德）。这三类要素是一个旅游职业人做好本职工作、取得事业成功所必需的。

三、旅游职业素质的培养

现代企业的竞争是人才的竞争，这是当前被人们普遍接受的观点。旅游业是劳动密集型的服务性行业，科技含量相对较低，人才的含义更多地体现在旅游企业人员的整体素质上。人员素质是个体完成任务，形成绩效和继续发展的前提，它对于人的行为活动、成长发展起着基础作用，离开了这种前提和基础，人就无法完成特定的意识行为，实现既定的活动目标。所以，提高旅游企业的员工职业素质，可以有效地发挥每一个人的素质优势，最大限度地提高工作绩效，使之适应工作的实际需要。培养旅游职业素质主要通过以下 4 个方面完成：

（一）身体素质

旅游行业从业人员要具有健康的身体素质才能适应相对艰苦的工作。旅游业并不像外人看来那么容易，它不是游山玩水，不是进行娱乐，而是为游客提供服务的工作。它需要旅游从业人员东奔西走，而旅游过程中还要安排游客的住宿、吃饭、景点游览，当游客特别是老人和儿童，在旅游中需要帮助时，还需要提供各种帮助。这一切都需要旅游从业人员要有良好的身体素质，才能适应旅游行业工作的需要。

（二）心理素质

前文我们已经提过，对于旅游从业人员来讲，他要面对各种各样的顾客和人员，有时甚至会遇到一些素质比较低的游客的无理取闹、谩骂。再加上其他方面的心理压力，旅游从业人员更容易出现一些心理问题，这就需要旅游从业人员要具有优良的心理素质，能够从容面对一切压力，从容处理各种问题。

（三）知识素质

旅游从业人员的知识素质包括一般基础知识、专业基础知识和拓展能力知识三个方面。一般基础知识，即旅游从业人员要具备高中水平的各学科知识，主要有语文、数学、物理、化学、历史、生物、地理、哲学等各学科的知识，这些知识是学习专业基础知识的前提。专业基础知识，即旅游专业所要学习的专业基础知识，包括旅游学概论、旅游法规、旅游地理、旅游心理、旅游产品营销、景区管理等旅游学专业的知识。这是旅游学专业知识素质的最主要组成部分，也是从事旅游行业的知识基础。拓展能力知识是在专业基础知识的基础上为了拓展自己的知识面和能力，进一步加深对旅游业的了解，全面系统地了解旅游行业而学习的一些和旅游相关的知识，如中国历史和世界历史、文艺学、文学、美学、法学、心理学、社会学、伦理学等学科。通过这些学科的学习，可以为自己今后能力的提升打下坚实的基础。

旅游专业从业人员还要具有优秀的文化素养和良好的仪容仪态，从事旅游专业的人员应该对中国的传统文化和西方传统文化有所了解，知道各种文化的精髓是什么，能够准确地说明各种文化的精神实质和价值的核心。其次还应该对宗教文化、民族文化、地域文化有所了解，知道各种宗教文化的差别和共同点，知道每个民族文化的主体特点，知道地域文化特色。旅游从业人员还要具有良好的仪容仪态，穿着举止得体，文明礼貌、落落大方，给游客留下良好的印象。

（四）学习与创新素质

旅游从业人员还要具有良好的学习能力和创新能力，旅游行业的操作性和实践性，就决定了旅游行业必须从实际的操作中不断地学习，不断地提高自身的素质。旅游业发展迅速，旅游范畴不断地拓展，这都需要旅游从业人员要具有优良的学习能力，能够跟得上旅游业的发展步伐，补充新的知识。

（五）交际沟通和组织协调素质

语言表达能力是旅游业从业人员的基本技能。旅游从业人员首先要讲好普通话，语音要准，语调要好，词汇要丰富，表达要准确。随着我国逐渐成为旅游大国，要求旅游业从业人员学会一门甚至几门外语。

旅游从业人员服务对象是游客，是具有丰富感情和各种各样心理需要的人，他们的处事态度、个性特征往往差异很大，为了做好服务工作，需要加强同他们广泛的交流、沟通，以达到相互理解，提高服务质量的目的。此外，在为游客提供服务的过程中，旅游从业人员还要同旅游接待单位的人员打交道，处理好同他们之间的关系。

导游是整个团队的核心人物，如果把一个旅行团比作是一个班级，那么导游人员就是这个集体的班主任，你要让每一位同学都听从你的安排，这样这个集体才不会混乱。导游人员领受任务后，要安排落实旅游活动计划，带领全团人员游览好、生活好。这就要求导游人员需具有一定的组织、协调能力，在安排活动日程时有较强的针对性并留有余地，在组织各项具体活动时讲究方法并及时掌握变化着的客观情况，灵活地采取相应有效措施，尽力当好参观游览活动的导演。应变能力就是考察导游人员对于突发状况的反应能力，例如如何回答游客突然提出的奇怪问题，给游客满意的回答。对于突发状况，不要惊慌，要冷静。因为你不但要安慰受惊的游客，还要及时处理这些状况。旅游活动中意外事故在所难免，能否妥善地处理事故是对导游的一种考验。临危不惧、头脑清醒、遇事不乱、处事果断、办事利索、积极主动、随机应变是导游处理意外事故时应有的品质。

（六）职业道德素质

旅游业是服务性行业，旅游从业人员的职业道德素质直接影响旅游从业人员的服务水平和服务质量，并影响了旅游者对旅游从业人员服务满意度以及对旅游行业的评价，并在一定程度上影响着旅游业的形象和健康发展。因此导游人员职业道德的自我修养必须从小处着眼，坚持高标准，严要求，“勿以恶小而为之”，时时处处注意自己的言行举止，洁身自好，防止自己的缺点蔓延。虚心接受游客的批评和指点，随时注意自己的形象，使自己各方面的素质更加完美。

【计划、决策与实施】>>>

学习情景二	旅游服务人员职业素质
工作过程三	旅游职业素质培养
学生行为	进行成员任务分配，制订工作计划，讨论计划的科学合理性，完善计划并做出最终决策；通过查阅互联网、相关书籍或知识链接资料，搜集旅游职业素质培养的资料等实施决策，深入认识职业素质培养的现实性意义，意识到职业素质培养在工作中的重要性，进行总结
教师行为	督导学生分组讨论，审核工作计划，提出修改建议，引导学生做出正确的决策，对学生的具体分析和完成各项任务进行答疑与督导，并观察学生的表现

续表

计划、决策与实施	序号	实施步骤	操作要领	参考资料详细地址
	1			
	2			
	3			
	4			
	5			
	6			
	7			
	8			
	9			
	10			
组长签字			组　　别	
教师签字			日　　期	

【评价、检查与反馈】>>>

学习情景二	旅游服务人员职业素质
工作过程三	旅游职业素质培养
学生行为	1. 对旅游职业素质培养工作任务完成情况进行自我检查和反思，填写检查表。 2. 能利用所学的理论知识完成实训项目，总结学习中的收获与体会，进行自我评价，并对本小组的成员表现进行逐一评价，填写评价单和学习反馈单
教师行为	听取学生成果汇报，检查学生学习任务完成情况，并指出不足及修改建议，对学生的学习表现进行评价，通过学生教学反馈总结教学的不足，制订工作改进计划

续表

<table>
<tr><td rowspan="14">评价</td><td>评价类别</td><td>项目</td><td colspan="2">子项目</td><td>个人评价</td><td>教师评价</td><td>组内互评</td></tr>
<tr><td rowspan="9">专业能力
(60%)</td><td rowspan="2">资讯
(15%)</td><td colspan="2">搜集信息查找资料(5%)</td><td></td><td></td><td></td></tr>
<tr><td colspan="2">引导问题回答(10%)</td><td></td><td></td><td></td></tr>
<tr><td rowspan="4">计划实施
(20%)</td><td colspan="2">工作流程的正确性(2%)</td><td></td><td></td><td></td></tr>
<tr><td colspan="2">方案设计科学性(3%)</td><td></td><td></td><td></td></tr>
<tr><td colspan="2">实施操作正确性(10%)</td><td></td><td></td><td></td></tr>
<tr><td colspan="2">知识的运用(5%)</td><td></td><td></td><td></td></tr>
<tr><td rowspan="2">检查
(5%)</td><td colspan="2">全面性、准确性(3%)</td><td></td><td></td><td></td></tr>
<tr><td colspan="2">异常情况排除(2%)</td><td></td><td></td><td></td></tr>
<tr><td rowspan="2">结果
(20%)</td><td colspan="2">演示汇报(10%)</td><td></td><td></td><td></td></tr>
<tr><td colspan="2">知识技能掌握(10%)</td><td></td><td></td><td></td></tr>
<tr><td rowspan="4">社会能力
(20%)</td><td rowspan="2">团结协作
(10%)</td><td colspan="2">对小组的贡献(5%)</td><td></td><td></td><td></td></tr>
<tr><td colspan="2">小组合作配合情况(5%)</td><td></td><td></td><td></td></tr>
<tr><td rowspan="2">敬业精神
(10%)</td><td colspan="2">吃苦耐劳精神(5%)</td><td></td><td></td><td></td></tr>
<tr><td></td><td colspan="2">学习纪律性(5%)</td><td></td><td></td><td></td></tr>
<tr><td></td><td rowspan="2">方法能力
(20%)</td><td>计划能力
(10%)</td><td colspan="2"></td><td></td><td></td><td></td></tr>
<tr><td></td><td>决策能力
(10%)</td><td colspan="2"></td><td></td><td></td><td></td></tr>
<tr><td rowspan="9">检查</td><td>序号</td><td>检查项目</td><td colspan="3">检查标准</td><td>学生自检</td><td>教师检查</td></tr>
<tr><td>1</td><td>目标认知</td><td colspan="3">工作目标明确,工作计划周密,具有可操作性</td><td></td><td></td></tr>
<tr><td>2</td><td>理论知识</td><td colspan="3">基础理论知识的全面掌握</td><td></td><td></td></tr>
<tr><td>3</td><td>基本技能</td><td colspan="3">能够运用基本的理论进行实践思考、分析、解决问题</td><td></td><td></td></tr>
<tr><td>4</td><td>学习能力</td><td colspan="3">能在教师指导下,全面掌握相关知识和技能</td><td></td><td></td></tr>
<tr><td>5</td><td>工作态度</td><td colspan="3">主动参与,积极完成工作任务</td><td></td><td></td></tr>
<tr><td>6</td><td>团队合作</td><td colspan="3">积极与他人合作,共同完成任务</td><td></td><td></td></tr>
<tr><td>7</td><td>工具运用</td><td colspan="3">熟练利用资料自学,利用网络进行资料查询</td><td></td><td></td></tr>
<tr><td>8</td><td>任务完成</td><td colspan="3">保质保量完成任务</td><td></td><td></td></tr>
</table>

续表

教学反馈	我对学习本工作过程的意见或建议		
组长签字		组　　别	
教师签字		日　　期	

学习情境三

旅游服务中的人际交往

学习情境分析

人际关系状况对增进个人福祉，搞好本职工作，提高企业的生产效率，达成组织目标都起着很重要作用。本学习情景以培养学生与他人建立和谐的人际关系，在旅游服务的过程中构建融洽的客我关系为工作目标，引导学生完成影响人际交往的因素，旅游服务中的客我交往及员工间的人际关系三个工作过程的学习，使学生掌握旅游服务中沟通的特点与方式，明确旅游服务中人际交往的重要意义，学会人际沟通的技巧。

学习目标

知识目标：掌握影响人际交往的因素
掌握客我交往的特殊性
了解员工间交往的原则
明确旅游服务中人际交往的重要意义

能力目标：学会人际沟通的技巧
掌握服务中交往的“双胜”原则
能够与他人保持良好人际关系

素质目标：培养学生有提供良好的标准化服务和个性化服务的意识
培养学生在工作中能与客人在短期内构建和谐的客我关系

工作过程一　影响人际交往的因素

【任务布置】>>>

学习情景三	旅游服务中的人际交往
工作过程一	影响人际交往的因素

续表

<table>
<tr><td>教师行为</td><td colspan="2">1. 引导学生明确工作任务及资讯问题，对学生进行随机分组，组成本工作过程的学习小组。
2. 讲解并引导学生学习人际关系理论，掌握影响人际关系的因素，理解人际关系对生活、工作的影响，培养学生能与他人保持良好的人际关系</td></tr>
<tr><td>学生行为</td><td colspan="2">在教师引导下，明确学习任务及要求，分组学习知识链接，查阅资料和文献，找出资讯问题的答案，初步掌握学习内容，能够利用所学知识完成实训项目</td></tr>
<tr><td>工作任务</td><td colspan="2">了解人际关系理论，学习影响人际关系的因素，有意识的培养自己能与他人保持良好的人际关系</td></tr>
<tr><td rowspan="7">资讯</td><td rowspan="6">资讯问题</td><td>1. 什么是人际关系</td></tr>
<tr><td>2. 人为什么要与他人建立人际关系</td></tr>
<tr><td>3. 人际关系的功能是什么</td></tr>
<tr><td>4. 人际交往的模式有哪些</td></tr>
<tr><td>5. 影响人际交往的因素有哪些</td></tr>
<tr><td>6. 可以用那些方法来测量人际关系</td></tr>
<tr><td>资讯引导</td><td>以上资讯问题请查阅本书知识链接，同时参考以下书籍：
1.《旅游心理》，人力资源和社会保障部教材办公室组织编写，中国劳动社会保障出版社，2008 年版。
2.《旅游服务心理素质与职业发展能力训练教程》，陈定樑著，浙江工商大学出版社，2011 年版。
3.《旅游心理服务与技巧》，人力资源和社会保障部教材办公室组织编写，中国劳动社会保障出版社，2008 年版。
4.《卡耐基口才的艺术与人际关系》，卡耐基著，马剑涛，肖文键译，中国华侨出版社，2010 年版。
5.《旅游心理学》，黄继元主编，重庆大学出版社，2003 年版。
6.《人际关系心理学》，彭贤主编，北京交通大学出版社，2008 年版</td></tr>
</table>

【知识链接】>>>

一、人际关系概述

（一）什么是人际关系

人际关系是人与人之间心理上的关系、心理上的距离。这种关系是在人与人之间发生社会性交往和协同活动的条件下产生的。人际关系的形成包含认知、情感和行为三方面的心理因素，其中情感因素起主导作用，制约着人际关系的亲疏、深浅和稳定程度。人际关系一般可分为积极关系、消极关系、中性关系。不同类型的关系伴随着不同的情感体验。积极的关系使当事双方在交往时会产生愉快的体验，而消极关系会带给双方痛苦。

（二）人际关系的功能

人际关系是人际交往的结果。通过人际交往，人们认识社会，了解自己和他人，并协调相互之间的关系，以便更好地适应环境。人际关系的功能主要表现在以下几个方面：

1. 信息沟通功能

在文字发明以前，人与人面对面的直接交往构成了人类相互交流信息的最主要形式。今天由于大众传播媒介和现代通讯技术的迅猛发展，人们交流信息的方式方法和获得信息的途径增加了许多，使得人际关系的信息功能正在逐渐减弱。但无论社会怎样发展变化，人际关系的信息功能始终是不会消失的。

2. 心理保健功能

人际关系对人的心理健康至关重要。著名心理学家马斯洛在其需要层次论中把交往需要列入第三层次。按照他的观点，有顺序地满足人的五种需要是保证一个人心理健康的条件，其中任何一种需要的不满足都对人的心理健康构成不利影响，越是低级的需要其影响越大。现代社会中人际关系信息沟通功能的弱化使得心理保健功能日益成为人际关系的主要功能。

3. 相互作用功能

人际交往发生时，就会产生彼此之间的相互影响和相互作用。通常情况下，一方的行为会引起另一方的相应反应。这种链式关系不是无序的，而是有一定规律性的，它构成了社会环境因素的一部分，对人的行为产生影响。

（三）人际关系的类型结构

人际关系类型有各种不同的划分，如按感情关系，可分为吸引关系和排斥关系，按双方地位可分为支配关系和平等关系，按存续时间可分为长期关系和临时关系等。人际关系的建立是人们彼此相互作用、相互影响的结果，不以人们主观意志为转移，所以了解人际交往中的相互作用模式以及相关的人际关系类型就显得很必要了。

1. 人际交往的模式

心理学家把人际交往中常见的相互作用模式归纳出以下几种：

①一方的友好行为（诸如帮助、支持、同情、赞美等）可能导致另一方同等的友好行动，或更大程度的友好行为。

②一方的支配性行为(诸如管理、控制、指挥、教训等)可能导致另一方的顺从行为(如尊敬、听命、害羞、自卑、礼貌等),但如果过分,也可能引起后者的反抗性行为(如反感、怀疑、拒绝、甚至对抗反教训等)。

③一方的顺从性行为可能导致另一方的友好性行为(如一方发出的尊敬、信任、求援行为等,能导致另一方的劝导、帮助等行为),但太过分时也可能导致后者的支配性行为(如害羞、礼貌、服从等行为,可能引起另一方骄傲、控制等反应)。尤其在男性的相互交往过程中,更易于出现后一种情况。

④一方的攻击性行为(诸如诽谤、不友好、蔑视、惩罚等),可能引起另一方的反抗行为,或更强烈的攻击性行为,有时也会导致后者的自卑反应。基于人际交往的这种相互影响的特点,人们要想获得预期的对方反应,就必须了解自己的哪种行为会引起他人的什么反应,从而作出自己的正确选择。"种瓜得瓜、种豆得豆"这句俗语用到人际交往中来是很形象的。

2. 美国心理学家修兹的研究

美国心理学家修兹把人际关系的类型分为三种。他认为每个人都需要他人,这种需求可分为三类,即包容的需求、控制的需求、感情的需求。

①包容的需求:希望与别人来往、结交,想跟别人建立并维持和谐关系的欲望。基于这种动机而产生的待人行为有:交往、沟通、参与、容纳等,以及与之相反的孤立、退缩、排斥、疏远等。

②控制的需求:在权力上与别人建立并维持良好关系的欲望。其行为表现为运用权力、权威、控制、支配等,相反的行为有抗拒权威、忽视秩序、受人支配、追随他人等。

③感情的需求:在爱情与感情上希望与他人建立并维持良好关系的欲望。其行为表现是喜爱、亲密、同情、热情等,相反则表现为憎恨、厌恶、冷淡等。修兹区分人际关系的需求类别,并在此基础上分出六种基本人际关系倾向,见下表3-1。

表3-1 基本人际关系倾向

	主动性	被动性
包容	主动与他人来往	期待他人接纳自己
支配	支配他人	期待他人引导自己
情感	对他人表示亲密	期待他人对自己表示亲密

修兹认为一个包容性动机很强的人,一定是个外向、喜欢与他人交往,积极参加各种社会活动的人。如果他的感情动机也很强的话,则不但喜欢与他人相处,同时也关心他人,喜欢他人。这种人将左右逢源,受人爱戴。作为旅游企业服务人员就理应培养自己的包容性和感情需要,要喜欢他人、关心他人,喜欢和他人打交道。只有具备了这两

种主动性，才能心情舒畅、自然而然、水道渠成地做好服务工作。

3. 美国心理学家霍妮的研究

美国心理学家霍妮按照个体与他人的关系把人分成三种类型：驯顺型、进取型、分离型。

（1）驯顺型

特征是“朝向他人”。无论遇到什么人，都首先想到“他喜欢我吗?”,属于努力讨别人喜欢者。

（2）进取型

特征是“对抗他人”。这种人总是想窥探对方力量的大小或其他人对自己有什么用处。实用主义和功利主义色彩浓厚，也就是俗话说的“势利眼”。

（3）分离型

特征是“疏离他人”。此类人经常躲避他人的影响和干扰，与他人发生交往常常是迫不得已，害怕与他人建立过分密切的关系。这类人一般没有亲密的不分彼此的莫逆之交，他跟所有人都保持一定距离，通常此类人也很少有敌人。

从霍妮对人格划分上看，驯顺型的人适合从事旅游和饭店服务工作。工作中经常想着客人是否喜欢自己，接待客人时总有种诚惶诚恐心态，就怕客人不满意、不喜欢自己，这种情况下服务工作就有可能做好。进取型的人在服务中容易出现厚此薄彼、看人下菜碟，对客人不能一视同仁，这是进取型的人在服务过程中必须注意的问题。分离型的人则根本不适合从事旅游服务工作。

4. 美国心理学家纽卡姆的研究

前面我们主要探讨了人与人之间比较固定的关系类型，这些研究对旅游服务工作有很强的指导意义。然而人际关系除了固定性之外还有变化性、流动性，特别对于旅游工作者来说，了解人际关系的流动性有助于我们全面把握人际关系的内涵。美国心理学家纽卡姆对人际关系的变化性作出一些有价值的研究，他用了15周时间观察一群来自不同地方的人组成的一个团体，研究他们从开始到最后的人际关系结构的发展变化。他得出了以下几个结论：

①团体中的人际关系不是始终不变的，而是不断地随着情境的变化而发生变化，从头至尾维持良好关系的人们只是少数。

②在团体形成初期，富有吸引力的成员并不能一直保持其优势到后期，其吸引力将会逐渐减少，优势将会被其他人取而代之。

③这一群人在集合的初期，建立了不少于四人以上的小群体，待到大群体稳定后则以三人小群体的结合居多。

④随着时间的消逝，由于人与人之间相互日益了解，因此人际结构变得越来越复

杂。最初的结合群可容纳各种特征的人，结合群内的人们的个性呈多样性，最后的结合群往往排除了多样性而呈单一性。

⑤群体内有少数孤立者，他们既不主动参加其他结合群，一些结合群也不主动联系和容纳孤立者。

此项研究富有启示性，人群中的人际关系是流动的，“明星”和“弃儿”都是少数，随着临时团体建立时间的增加，人际关系结构变得越来越复杂。饭店、旅行社等旅游企业接待的团体客人多数属于这种临时团体类型，参照纽卡姆的研究结果，我们在控制和调节这种临时团体的内部人际关系时就具有了主动性和把握感。

二、影响人际关系的因素

人际关系状况对增进个人福祉，搞好本职工作，提高企业生产效率，达成组织目标都有着很重要作用。在现实生活工作中，人们常常苦于知道人际关系的重要性，却对自己为何陷于困境，怎样改善和增进人际关系等方面知识知之甚少。下面我们就影响人际关系的因素加以探讨。

（一）人际吸引的假设

关于人际吸引问题，主要有以下两种理论：

1. 互利假设

对于人性有一种理性假设，这种观点认为：正常的人都追求和期望以最小的投入和付出，来换取最大的报偿和收益，这是人的行为原则。从这个观点出发看待人际关系，自然就会得出下面的结论：人们之间良好关系和友谊的建立和维持，要看双方认为这个关系对双方是否有益。如果双方认为友谊关系的存在对彼此是有价值的，就是说利大于弊、好处多于坏处，或者说双方感到为此付出是值得的，那么双方就会得到心理满足，从而建立并维持友谊关系。反之，双方如果感到这种关系的存在对彼此没有益处，则会采取行动终止目前的关系。即使只有其中一方感到当前的关系对自己不利，这种业已存在的关系也无法继续维持下去,这就是互利假设。

2. 自尊增高假设

良好的人际关系，或者说友谊关系表现为双方的相互选择。即你喜欢我、我也喜欢你，友谊就是你选择了我、我选择了你。和自己喜欢的人在一起心情愉快，这是人之常情。自尊增高假设认为：友谊关系能提高人的自尊感、自我价值感和自信心。通常情况下，朋友会给你更多的理解、支持、赞许和尊重。和朋友在一起，彼此能有自尊抬升感，相互之间的自尊需要能得到较好满足。这些在一般关系的人那里是很难得到的。人们喜欢那些喜欢自己的人，这是人际交往的规律。同样，对于那些经常和自己过不去的人会越来越不喜欢。在我们的文化中有“诤友”一说，即实言相告，敢于相互揭短的朋友。

其实这只不过是一种乌托邦式的设想，生活中很少有这种类型的友谊关系存在，友谊关系不具备此项功能。挑剔他人毛病，指出别人缺点是友谊关系所无法承担的责任。总之，人们喜欢那些喜欢自己的人，他人对自己的评价影响着自己喜欢那人的程度，而争论、批评、贬低则会驱逐朋友、消灭友谊。所以在与朋友交往过程中、以及家庭生活中，最好不要试图把辩论会搬进来，经常发生争论会破坏良好的人际关系。

（二）影响人际吸引的因素

1. 接近且相悦

时空的接近容易建立良好的人际关系，尤其在交往的初级阶段更是如此。彼此在一起相处的时间久，交往的机会增多，会最终建立起友谊关系。心理学的一些研究证明，人们居住越接近，成为朋友的概率越大；另外见面的机会越多，彼此越熟悉，越容易导致相互喜欢。不过这种时空上的接近只是友谊建立的必要条件，而彼此的好感（起码无恶感）才是友谊建立的基础。如果一方对另一方印象恶劣，被厌恶者单方面的接近，企图建立友谊的努力不但不易改变前者的态度，甚至可能招致更加强烈的厌恶。所以与他人建立友谊的良好愿望要全面理解规律，规律的运用受到原有人际关系状况的限制。一般而言，接近且相悦通常适用于陌生人人际关系的建立。熟人之间人际关系的发展变化很复杂，在此无法一一道清。陌生人最初的交往必须有外在条件，这就是时空的接近，一般情况下它会发展成相互喜欢，结果导致友谊关系建立，这就是接近且相悦。有道是："有缘千里来相会，无缘对面不相逢"。友谊关系的建立和发展既需要时空的接近，也需要彼此的最初好感。关于第一印象在前面我们介绍了，在此不加赘述。时空因素在友谊关系建立的初始阶段作用很大，而随着时间的推延，它的影响会逐渐变小。

接近因素影响研究

美国心理学家费斯丁格（Festingger，1950）等人，以麻省理工学院已婚学生眷属宿舍的居民为对象，研究他们之间的邻居友谊与空间远近的关系。该宿舍共17栋两层楼房，每层5户，共计170户。在每学年开始搬入时，彼此各不相识。一段时间后，研究者调查每户举出新结交的三位邻居朋友。结果有以下特点：①是他们的近邻；②是他们的同层楼的人；③是他们信箱靠近的人；④是走同一楼梯的人。可见，经常见面是友谊形成的一个重要因素。

2. 类似性因素

在个人特性方面，双方若能意识到彼此的相似性，则容易相互吸引，这种相似性越多越接近，越能产生好感、相互吸引。正所谓"物以类聚、人以群分""惺惺惜惺惺"。相似性主要表现在社会性和心理特性上，如社会地位、种族职业、籍贯、宗教信仰、学历、年龄、性别、兴趣、爱好、态度、容貌等。心理学研究发现，要求指出个人最好朋友时，被提到的人与指出者在教育水平、经济条件、社会价值等方面都很相似。性别是友谊分野的第一条鸿沟。研究表明在异性之间建立起像大多数同性之间的那种友谊关系是很难、很少见的。友谊关系通常建立在同性之间。为什么类似性、相似性有助于人际交往？从心理学角度可以作出以下解释：其一，具有相同兴趣、爱好的人趋于参加类似的社会活动。在其共同参加的社会活动中，他们有更多的交往机会，按照前面我们谈到的"接近且相悦"原则，具有相似性的人在时空上更趋接近，因而也就更容易相互吸引变成朋友。其二，在较多的交往机会中，如果发现彼此的价值观、社会态度相似或一致，双方会产生一种社会增强作用。尤其是在大家对某类问题发生争论时，这种社会增强作用愈发明显。在公共场合发生争论时，有人站出来支持你，与你持有一样或类似的观点，你会有种"英雄所见略同"的感觉，自己的自尊心因得到支持而受到保护和抬升，由此会产生对对方的感念之情，友谊因而发展起来就不奇怪了。其三，凡是性别、年龄、学历、态度、社会地位等方面相似者，在交往时，彼此间的意见容易沟通，较少因意见传达困难而造成误会和冲突，顺畅无误的沟通是正常交往的前提条件。比如两个受过高等教育的人在一起交谈会很自如，那么如果其中一个是文盲，这种交谈就会变得异常困难，也会使继续交往的可能性变得渺茫。其四，在初次见面的陌生人之间，相似性能在很大程度上消除彼此的陌生感，从而减少紧张不安，使交往成为一件轻松愉快的事。总之，相似性是影响人际关系的重要因素，相似性有助于人们建立起友谊关系。心理学研究发现：在原本陌生的一群人走到一起的初期，时空接近对人们之间的吸引起决定作用，到了后期则发生了变化，彼此间态度和价值观越是相似的人，相互吸引力越大。

3. 互补因素

互补是指双方在交往过程中获得互相满足的心理状态，主要指心理特性相反者的互补。例如，有强烈支配性格的人不容易与同样性格的人相处，但是他可能与具有顺从性格的人和睦相处，甚至建立密切的友谊关系。生活中许多自然形成的非正式的小团体都是由这种支配者和顺从者组成的。正如俗语所说的"一山不容二虎"，通常情况下人格特征突出且相同的人难以共处。比如脾气急躁的人往往喜欢和性情温和的人相处，二者恰好可以相互容纳、相互调剂补充。有的人富有同情心，有着较强的要关心帮助别人的倾向，这类人如果遇到依赖性强的人，双方会一拍即合，容易建立密切关系，从而使双方的需要都得到满足。此类情况在异性朋友之间尤为明显，所谓"刚柔相济"就是此类互补关系。人际吸引的互补作用主要发生在交往程度较深的友谊关系中，在两性友谊和夫妻之间尤其明显。有人研究过大学生在两性间从朋友到夫妻关系的演变过程，探求相似性与互补性在双方过程发展中的作用变化。结果发现：从友谊—爱情—婚姻过程中，经历了三部曲。

①初交时，社会性即外在的相似性很重要，如宗教信仰、经济地位、种族、社会背景等相似与否，构成了人际吸引的主要因素。这是友谊的理性阶段。

②深交后，个人性格的相似面显得重要，如兴趣、态度、价值观等相似与否是构成友谊的基础。这是友谊发展的感情阶段。

③长期友谊或爱情的维持，双方在人格特质上的互补更重要。双方有互补的需要，能从对方身上获得自己所缺乏的东西，这样才能形成永久的相互吸引力，友谊或爱情才能维持长久。

4. 个人特质

在影响人际吸引的各种因素中，个人特质也是一个重要因素。在日常生活中，我们常见到一群人中，有的人受人欢迎，有许多朋友，是“明星”类人物；而有的人则遭人厌弃，没有朋友，是“孤儿”。个人特质在造成这种现象的过程中常常扮演着重要角色。在影响吸引力的个人特质中，仪表是其中一种。漂亮、标致的人更易招人喜欢。仪表通常在交往的初期阶段影响力较大，随着时间的推移和交往的深入，则个人内在的东西作用增大。仪表在异性之间的交往中的重要性要远远大于同性之间。美国心理学家安德森研究了对各类性格的人被喜爱或厌恶的程度，经过分类得出 5 种令人喜欢的性格类型，他们是诚实而认真、通情达理又聪明、可信亦可靠、直爽而幽默、亲切而体贴。另外受人厌恶的性格有：讲假话不可信、庸俗而粗鲁、自私而贪婪、邪恶而残暴、盛气凌人、冷漠无情等。

小思考

安德森的研究是以美国大学生为样本的，在中国的文化背景下能成立吗？

答：我们在使用安德森的研究成果时必须注意两个问题：

1. 文化背景差异

此结果是在美国文化背景下得出的，拿到中国来必须考虑到文化差异，尽管人类文化的共性是主要的，但差异还是存在的。由于这种差异使得中国人的民族性与西方人的民族性有很大差异，所以要慎重使用安德森的研究成果。

2. 样本普适性问题

来自大学生的结果能否全部应用于普通成人，也有待研究。总之，安德森的研究成果是关于性格特点、与个人吸引力方面最有价值的研究之一，有很大的参考价值，但使用时要谨慎。

美国心理学家 G. 奥尔波特研究了一群陌生人首次集会时的人际吸引力。发现个人的内在特质如幽默、涵养、礼貌等因素是主要的吸引力因素；其次是外表的特点如体形、服装等；第三是个人所表现出来的特殊行为，如新奇的令人喜爱的动作等；最后，地位角色也能引起他人的爱慕与尊敬，从而发生吸引力。在影响人际吸引的个人性格特征中，既有能够增进人际吸引的特征，也有阻碍人际吸引的特征。

前边在介绍安德森的研究成果时涉及了他列举的一些令人厌恶的性格特征，下面我们详细介绍社会心理学家对妨碍人际吸引的个人特征研究的结论。具有下列性格特征的人缺乏吸引力。

①不尊重他人，对他人缺乏感情，不关心他人的悲欢情绪，甚至把他人当作使唤工具。这类人缺乏吸引力。

②有着强烈的自我中心主义，只关心自己的兴趣和利益，忽视他人的处境和利益，这种人只能和他人建立一般的人际关系。

③对人不真诚，一切为自己着想，不顾他人利益，这样会破坏人际关系。

④过分服从并取悦于他人，过分惧怕权威而不关心部下，前者不讨人喜欢，后者则招人厌恶。

⑤缺乏独立性，过分依赖甚至于丧失自尊心，这样的人让人尊重不起来，惟恐避之不及。

⑥嫉妒心强的人不招人喜欢。

⑦怀有敌对情绪和猜疑性格的人以及情绪偏激的人，往往容易使与他人的关系陷入僵局。

⑧ 过分自卑、缺乏自信的人，对人际关系过于敏感的人，对他人尖刻以及过分自夸的人，都缺乏吸引力。

⑨孤独、内向有自闭倾向的人没有吸引力。

⑩有偏见、固执，防卫机制过强，报复性强的人缺乏吸引力。

仰巴脚效应(Pratfalleffect effect)

一个人能力越高，成就越大，就越为人所欣赏吗?

美国心理学家进行了这样一个实验研究(Aronson, 1980)，把四卷录像带分别播放给四组被试者，让他们凭主观感觉评分，以表示他们对片中人物的喜欢程度。片中人物由一人扮演，只是事先介绍和访问过程不同。A 录像带内容是访问者在介绍受访者时，把他描述成一个能力杰出的大学生：荣誉学生、校刊编辑、运动健将。在访问过程中受访者表现杰出，能毫不费力地答对92%的问题，给人的印象是完美无缺的人。B 录像带的内容和 A 录像带的内容只有一点差异，受访者表现有点紧张，不小心将面前的咖啡打翻，弄脏了新衣服，形成尴尬的局面。C 录像带将受访者说成是一个普通大学生。在访问过程中他的表现一般。D 录像带内容与 C 录像带大致相同，只是把 B 录像带中的插曲放了进来。结果发现：受访者被喜欢的顺序依次是：B、A、C、D。实验结果说明：才能平庸者固然不会受人倾慕，而全无缺点的人，也未必讨人喜欢。最讨人喜欢的人是精明而带有小缺点的人。这种现象在心理学中称为"仰巴脚效应"。精明、杰出的人不经意中犯点小错误，不但瑕不掩瑜，反而给人以亲切感和安全感。完美无缺的人则让人感到不安。

三、人际关系测量

前面我们对人际关系研究的一些重要成果进行了介绍。从中我们认识到团体内人际关系状况对团体目标达成，以至于个人本身都有着极其重要的作用，对怎样搞好人际关系也有了较深入了解。接下来如何了解团体内部人际关系状况就变得重要了，不了解人际关系状况便无法做到有针对性地改善人际关系。本节就介绍一些有关了解团体内部人际关系状况的方法，即人际关系测量的手段。

（一）社交测量法

社交测量法是美国心理学家莫里诺首创的，这种方法是迄今为止测量人际关系最有价值的一种方法。莫里诺社交测量法的根本目的在于了解团体内人与人之间的心理上的关系，查明团体内部心理结构和心理距离。社交测量法的具体做法是以纸笔测验形式，向团体成员提出问题，让其回答。例如，第一类问题是："请写出这个组织内三个你最喜欢的人，按喜欢的程度依次排列。"第二类问题是设置一种情境，让团体成员按自己的愿望选择或拒绝自己的工作或游戏伙伴，如"你愿意和谁在一起参加学习活动（或旅游、劳动、娱乐等）？"提出的人数一般限定在三人以内，既可以是三人，也可以两人或一人。如果被测者选择的人数过多则作废，因为人数太多很难做好数据整理工作，其反映的人际关系状况也不清晰。另外也可以提出最不喜欢的人，方法同上。但这样做容易引起团体内部矛盾，除非特殊情况，一般不予采用。在进行测验时必须申明测验结果绝对保密，为了消除被测者的疑虑，也可以允许被测者不写上自己的名字。当然这样会减少数据所反映的问题。对社交测量法获得的具体资料加以整理、进行统计分析，可以用人际关系图进行。

通过运用社交测量法，可以帮助我们了解团体中人际关系状况的许多侧面。例如，个体在团体中的社会地位、领导者的威信、个体的适应性、成员间彼此的接纳或拒绝心理。另外，对于这个团体的特性，诸如团体人际结构、分化状况、隔层化、领导作风（如民主或专制）、团体的凝聚力、对外界压力的抵抗性、团体心理气氛如何等，都可以通过社交测量法了解到。从这个意义上说社交测量法对研究团体内人际关系是非常有价值的。社交测量法使用起来比较简便易行，尤其用来研究松散团体更有效。原因在于松散团体内成员间主要是情感联系，内容比较单一。正式团体则复杂得多，成员间存在较深的利害关系，而运用社交测量法只能了解其表面情况，要获得更深层次的东西还要辅助以其他方法和手段，并作出更深入的分析。由于社交测量法所揭示的只是人们的情绪倾向，尚不能说明其选择或拒绝的动机等其他层面的东西。为了更透彻了解人际关系，心理学工作者又进行了更深入的研究。

（二）参照测量法

参照测量法是由前苏联心理学家彼得罗夫斯基等首先提出并开展实验进行研究的。这种方法主要旨在揭示人们相互选择情绪倾向背后的原因——动机。他们认为社交测量法的社会选择标准是弱性的，而只有更强性的标准才能揭示出更深层的心理事实。这种观点认为，在团体中最受欢迎的人，并不一定是团体中最能发挥作用、最有影响力、最有威信的人。

参照测量法具体步骤如下：

①首先要求团体成员以文字形式对其余成员全部进行评价。

②把每个成员得到的评价集中于一处。

③告知全体成员，他们可以有选择地看三至四人对自己的评价，不能全看，让其提出想看哪几个人对自己的评价，并写出来。

④研究被团体成员提名者，从中可以发现团体中哪些人最博得大家的信赖与尊重，他们的意见最受大家重视。

这种方法测出的被提名次数较多的人可能并不是团体中最受欢迎的人，但却是团体中最有权威的人，他们可能并不被广泛喜欢，但独立性、公正性、智慧等被人们公认。这种方法测出的“明星”人物对选择团体领导人有很大参考价值。如果说莫里诺的社交测量法测出的是团体中最受欢迎的人，那么参照测量法测出的人则是团体中最有权威的人。上述两种人际关系测量法的这些区别，提示我们在使用它们的过程中必须谨慎，要根据不同的工作目的选择测量方法，要注意每种方法的局限性，决不能仅仅以一种方法得出的结果用来说明所有问题。

（三）关系分析法

社会心理学家塔基乌里对莫里诺的社交测量法加以扩充，添加主观判断项目，以进一步分析人际关系，此法称为关系测量法。此法主要适用于小团体内的人际关系测量。

1. 测量步骤如下

①举出你所喜欢的人。

②举出你认为喜欢你的人。

③推测群体中谁喜欢谁。

④推测群体中谁被谁喜欢。

结果发现，对于第二个项目“我认为某某喜欢我”判断正确者，对于第三个项目

“谁喜欢谁”的判断并不一定准确。此外，能正确推测“谁喜欢谁”的人，也不一定能正确估计“谁喜欢我”。

2. 一般性结论

①在人际关系中有相互适应的知觉现象，即由于自己喜欢他，所以也认为他喜欢我。

②在群体中，人缘好者自己并不认为有那么多的人喜欢他，而人缘不好者也不认为有那么多的人排斥他，中等人缘者对别人评价自己的估计较为准确。

③各人都有夸大估计自己所选择的对象人缘好的倾向，认为自己所选择的对象别人也都喜欢他。

社交测量法、参照测量法、关系测量法等三种有关人际关系的测量方法相互之间有着很深的内在联系，同时在各自所揭示的问题方面互有不同。社交测量法主要能揭示团体内的情绪倾向。例如，谁最受欢迎、谁最受排斥等；参照测量法能表明在团体中谁最受尊敬、信赖，是最有权威的人；关系测量法则对团体内成员间相互选择的一般规律和特点给予了更进一步的说明。在实际工作和研究中使用这几种测量法时要注意其不同特点，根据不同的目的选择使用，而为了能够更好地揭示了解团体内人际关系状况，把这几种方法结合起来使用更能全面地说明问题。

案例分析

漂亮作为一种个人特质是影响人际关系的一个重要因素，漂亮就招人喜欢，为什么？

分析提示

为什么漂亮的人招人喜欢呢？美国心理学家伯查德和沃尔斯特提出了一些理由，在此提供给大家以供参考：

①人们从各方面学到，漂亮的人才值得爱。不论电影或是电视中，被爱的总是漂亮的人。因此，美貌就起了爱的反应线索的作用。

②同漂亮的人在一起，在别人面前显得荣耀和光彩。有时只因为有漂亮的女朋友，其人就受到有好感的判断。

③我们有个老框框，就是认为漂亮的人还有其他方面的好属性，如性格开朗、心地善良等。

④漂亮的人看着就舒服，就使人沉湎于美的满足之中。如果说前三点是从社会因素角度解释漂亮的价值，那么第四点则告诉我们漂亮的生物学价值。美给人以生理快感，美还和性的需要紧密相关，漂亮招人喜欢这就不奇怪了。

【计划、决策与实施】>>>

<table>
<tr><td>学习情景三</td><td colspan="4">旅游服务中的人际交往</td></tr>
<tr><td>工作过程一</td><td colspan="4">影响人际交往的因素</td></tr>
<tr><td>学生行为</td><td colspan="4">进行成员任务分配,制订工作计划,讨论计划的科学合理性,完善计划并做出最终决策。通过查阅互联网、相关书籍或知识链接资料,搜集人际交往的资料等实施决策,深入认识人际交往理论的现实性意义,意识到与他人建立良好的人际关系在社会生活中的重要性,进行总结</td></tr>
<tr><td>教师行为</td><td colspan="4">督导学生分组讨论,审核工作计划,提出修改建议,引导学生做出正确的决策,对学生的具体分析和完成各项任务进行答疑与督导,并观察学生的表现</td></tr>
<tr><td rowspan="11">计划、决策与实施</td><td>序号</td><td>实施步骤</td><td>操作要领</td><td>参考资料详细地址</td></tr>
<tr><td>1</td><td></td><td></td><td></td></tr>
<tr><td>2</td><td></td><td></td><td></td></tr>
<tr><td>3</td><td></td><td></td><td></td></tr>
<tr><td>4</td><td></td><td></td><td></td></tr>
<tr><td>5</td><td></td><td></td><td></td></tr>
<tr><td>6</td><td></td><td></td><td></td></tr>
<tr><td>7</td><td></td><td></td><td></td></tr>
<tr><td>8</td><td></td><td></td><td></td></tr>
<tr><td>9</td><td></td><td></td><td></td></tr>
<tr><td>10</td><td></td><td></td><td></td></tr>
<tr><td>组长签字</td><td colspan="2"></td><td>组　　别</td><td></td></tr>
<tr><td>教师签字</td><td colspan="2"></td><td>日　　期</td><td></td></tr>
</table>

【评价、检查与反馈】>>>

<table>
<tr><td>学习情景三</td><td>旅游服务中的人际交往</td></tr>
<tr><td>工作过程一</td><td>影响人际交往的因素</td></tr>
<tr><td>学生行为</td><td>1. 对影响人际交往的因素工作任务完成情况进行自我检查和反思,填写检查表。
2. 能利用所学的理论知识完成实训项目,总结学习中的收获与体会,进行自我评价,并对本小组的成员表现进行逐一评价,填写评价单和学习反馈单</td></tr>
<tr><td>教师行为</td><td>听取学生成果汇报,检查学生学习任务完成情况,并指出不足及修改建议,对学生的学习表现进行评价,通过学生教学反馈总结教学的不足,制订工作改进计划</td></tr>
</table>

续表

<table>
<tr><td rowspan="20">评价</td><td>评价类别</td><td>项目</td><td>子项目</td><td>个人评价</td><td>教师评价</td><td>组内互评</td></tr>
<tr><td rowspan="11">专业能力
(60%)</td><td rowspan="2">资讯
(15%)</td><td>搜集信息查找资料(5%)</td><td></td><td></td><td></td></tr>
<tr><td>引导问题回答(10%)</td><td></td><td></td><td></td></tr>
<tr><td rowspan="4">计划实施
(20%)</td><td>工作流程的正确性(2%)</td><td></td><td></td><td></td></tr>
<tr><td>方案设计科学性(3%)</td><td></td><td></td><td></td></tr>
<tr><td>实施操作正确性(10%)</td><td></td><td></td><td></td></tr>
<tr><td>知识的运用(5%)</td><td></td><td></td><td></td></tr>
<tr><td rowspan="2">检查
(5%)</td><td>全面性、准确性(3%)</td><td></td><td></td><td></td></tr>
<tr><td>异常情况排除(2%)</td><td></td><td></td><td></td></tr>
<tr><td rowspan="2">结果
(20%)</td><td>演示汇报(10%)</td><td></td><td></td><td></td></tr>
<tr><td>知识技能掌握(10%)</td><td></td><td></td><td></td></tr>
<tr><td rowspan="4">社会能力
(20%)</td><td rowspan="2">团结协作
(10%)</td><td>对小组的贡献(5%)</td><td></td><td></td><td></td></tr>
<tr><td>小组合作配合情况(5%)</td><td></td><td></td><td></td></tr>
<tr><td rowspan="2">敬业精神
(10%)</td><td>吃苦耐劳精神(5%)</td><td></td><td></td><td></td></tr>
<tr><td>学习纪律性(5%)</td><td></td><td></td><td></td></tr>
<tr><td rowspan="2">方法能力
(20%)</td><td>计划能力
(10%)</td><td></td><td></td><td></td><td></td></tr>
<tr><td>决策能力
(10%)</td><td></td><td></td><td></td><td></td></tr>
</table>

<table>
<tr><td rowspan="9">检查</td><td>序号</td><td>检查项目</td><td>检查标准</td><td>学生自检</td><td>教师检查</td></tr>
<tr><td>1</td><td>目标认知</td><td>工作目标明确,工作计划周密,具有可操作性</td><td></td><td></td></tr>
<tr><td>2</td><td>理论知识</td><td>基础理论知识的全面掌握</td><td></td><td></td></tr>
<tr><td>3</td><td>基本技能</td><td>能够运用基本的理论进行实践思考、分析、解决问题</td><td></td><td></td></tr>
<tr><td>4</td><td>学习能力</td><td>能在教师指导下,全面掌握相关知识和技能</td><td></td><td></td></tr>
<tr><td>5</td><td>工作态度</td><td>主动参与,积极完成工作任务</td><td></td><td></td></tr>
<tr><td>6</td><td>团队合作</td><td>积极与他人合作,共同完成任务</td><td></td><td></td></tr>
<tr><td>7</td><td>工具运用</td><td>熟练利用资料自学,利用网络进行资料查询</td><td></td><td></td></tr>
<tr><td>8</td><td>任务完成</td><td>保质保量完成任务</td><td></td><td></td></tr>
</table>

续表

<table>
<tr><td>教学反馈</td><td colspan="3">我对学习本工作过程的意见或建议</td></tr>
<tr><td>组长签字</td><td></td><td>组　别</td><td></td></tr>
<tr><td>教师签字</td><td></td><td>日　期</td><td></td></tr>
</table>

工作过程二　旅游服务中的客我交往

【任务布置】>>>

<table>
<tr><td>学习情景三</td><td colspan="2">旅游服务中的人际交往</td></tr>
<tr><td>工作过程二</td><td colspan="2">旅游服务中的客我交往</td></tr>
<tr><td>教师行为</td><td colspan="2">1. 引导学生明确工作任务及资讯问题,对学生进行随机分组,组成本工作过程的学习小组。
2. 讲解并引导学生学习客我交往理论、掌握影响客我关系的因素,理解客我关系对旅游服务工作的影响,培养学生能与游客保持良好的人际关系</td></tr>
<tr><td>学生行为</td><td colspan="2">在教师引导下,明确学习任务及要求,分组学习知识链接,查阅资料和文献,找出资讯问题的答案,初步掌握学习内容,能够利用所学知识完成实训项目</td></tr>
<tr><td>工作任务</td><td colspan="2">了解人际关系理论,学习影响人际关系的因素,有意识地培养自己能与他人保持良好的人际关系</td></tr>
<tr><td rowspan="8">资讯</td><td rowspan="7">资讯问题</td><td>1. 旅游活动中的人际交往形式有哪些</td></tr>
<tr><td>2. 旅游服务中的客我交往有哪些特殊性</td></tr>
<tr><td>3. 人们的沟通方式有哪些</td></tr>
<tr><td>4. 在旅游服务中语言沟通需注意哪些方面</td></tr>
<tr><td>5. 非语言沟通有那几个方面</td></tr>
<tr><td>6. 语言沟通和非语言沟通那个更重要</td></tr>
<tr><td>7. 在旅游活动中,客人有哪些心理需求</td></tr>
<tr><td>资讯引导</td><td>以上资讯问题请查阅本书知识链接,同时参考以下书籍:
1.《旅游心理》,人力资源和社会保障部教材办公室组织编写,中国劳动社会保障出版社,2008 年版。
2.《旅游服务心理素质与职业发展能力训练教程》,陈定樑著,浙江工商大学出版社,2011 年版。
3.《旅游心理服务与技巧》,人力资源和社会保障部教材办公室组织编写,中国劳动社会保障出版社,2008 年版。
4.《圆通的人际关系》,曾仕强著,北京大学出版社,2008 年版。
5.《旅游心理学》,黄继元主编,重庆大学出版社,2003 年版。
6.《人际关系心理学》,彭贤主编,北京交通大学出版社,2008 年版</td></tr>
</table>

【知识链接】>>>

一、旅游服务中的客我交往

旅游活动中的人际交往大致有三类:一种是服务人员与客人之间的交往,称之为“客我交往”,这是旅游工作中人际交往最典型、最有价值的;第二种是客人之间的相互交往,通常情况下此类交往发生频率较低;第三种是员工之间的交往。在此我们主要探讨第一种情况,第二种情况由于发生率较低就不予讨论了,第三种情况在后面章节讨论。

(一)客我交往的含义

所谓客我交往是指旅游服务人员与客人之间为了沟通思想、交流感情、表达意愿、解决在旅游活动中共同关心的某些问题,而相互施加影响的各种过程。

(二)客我交往的心理特点

“客我交往”的形式分为直接交往和间接交往两种。直接交往可以理解为运用人类自然交际手段(语言、面部表情、身体语言),面对面的心理接触。间接交往是借助于书面语言、大众传播媒介或通讯技术手段所形成的心理接触。直接交往的优点是反馈迅速而清楚,间接交往的反馈联系则比较困难,当然这也是相对而言。故而心理学家通常把直接交往简称“交往”,而把间接交往称为“沟通”。直接交往必须具备一定条件才有可能:交往双方的一方想发出某种信息,另一方想收到这种信息;交往双方期望获得一定的效果;交往双方都有意或无意地注意力争达到相互了解,双方各自支配着对方的反应。旅游服务中两种交往形式同时存在,多以直接交往为主,它是影响服务效果的主要因素。

(三)客我交往的特殊性

在旅游服务行业中,由于旅游服务人员的特定角色以及客人所处的特定地位,决定了旅游服务与一般服务的不同,其特殊性主要表现为:

1. 短暂性

旅游交通与市场经济的迅猛发展,使注重高效益的旅游者们穿梭往返各地,形成了旅游服务交往频率高、时间短的活跃局面,短暂性的特点愈加突出。客人在一个目的地逗留的时间不会很长,一般只有一两天,因而客我之间接触的时间也相应短暂,客我之间相互熟悉了解的机会也随之减少。

2. 公务性

在一般情况下,服务员与客人的接触只限于客人需要服务的时间和地点,否则是一种打扰客人的犯规行为。客人之间的接触只限于公务而不涉及个人关系,更不可能了解对方的全部历史。客我之间若发生公务以外的往来,一般是不可取的。

3. 不对等性

客我之间的接触通常是一种不对等的过程。所谓不对等的接触，是指这种接触过程中只有客人对服务员下达指令提出要求，而不存在相反过程的可能。不对等接触也表示服务员必须服从和满足客人的意愿。因此，客我之间的不对等主要体现为客人的金钱与地位为一方面，服务员的知识与服务为另一方面，是这两方面的关系的不对等。对于传统观念较深的服务员，常常不能正确理解和处理这种不对等关系而陷于自卑或产生逆反心理，给旅游企业管理和服务质量造成消极影响。

4. 个体与群体的兼顾性

旅游活动中，一般情况下旅游服务人员接待的是一些个性心理相异，具有不同消费动机和消费行为的旅游者个人，因此，在交往中依据每个旅游者个体的个性消费特征向他们提供服务，就成为交往的主要方面。但旅游活动的复杂与特殊现象，使得一些同一社会阶层、同一文化、相同或相似职业的人聚集在一起组成同质旅游团，在消费过程中便出现从众、模仿、暗示、对比等群体消费特征。因此，旅游服务人员在客我交往中必须注意个体与群体的兼顾。

案例分析

客人突然挥拳

某日晚，河南国际饭店的大堂内宾客如云，接待员小马非常忙。这时来了两个客人要求开个标准间，小马迅速核查后说："有空房，但房金比标准间要略高些，要218元一间，您看如何?"此时一位客人竟勃然大怒，大声嚷道："今天早上我曾打电话问房价，你们说186元，为什么到了晚上一下子218元？真是漫天要价!"说罢突然向小马脸上打了一拳。小马挨了一拳非常愤怒，但他忍住了，仍然用正常的语气解释说："186元的房间已经住满，218元的房间还有几间空着。最后，我提醒先生，有问题尽可以用嘴说。"另一个客人赶紧出面圆场说："这位接待员态度还算不错，既然如此建议，我们就住下吧。"小马很快办好了手续，事后打人者向小马道了歉。

分析提示

小马在挨打之后能够忍住羞辱，控制住自己的愤怒，没有以眼还眼、以牙还牙，与客人发生冲突，这是强烈的角色意识使然。小马摆正了客我之间的角色关系，只有时时把自己的职业角色放置在心里，并固化为一种行为习惯的人才能在任何情况下做出近乎自动的行为反应来。

(四)旅游服务交往的沟通方式

沟通是指双方通过一定的信息交流而达到相互了解的过程。在旅游活动中，旅游者与旅游工作者之间经常不断地进行各种各样的信息交流。这种沟通方式主要有两种:言语沟通与非言语沟通。

1. 言语沟通

言语是人运用语言进行思考,并用以表达思想和交流信息,影响他人的过程。现代社会中,人们越来越重视交往,而交往能力的高低,与人的表达能力关系密切。一个人将自己的见解用明晰的语言,缜密的逻辑,再辅以传情达意的动作来表达,就使口头语言有了综合感染力。在日常生活中,我们处处离不开口头语言。

旅游服务中语言艺术

语言的艺术性是优质导游讲解服务的重要环节,它直接影响着导游讲解的效果,乃至整个旅游行为的成败,更是一个优秀导游的才能、内涵和气质的体现,是一门高雅的艺术。

旅游讲解作为导游工作中的一个重要环节,是导游人员在特定的环境中,借助语言艺术等方式,通过对人文或自然景观进行讲解,进而满足游客需要的一种信息交流活动。而语言讲解是导游讲解的的主要方式,恰当的语言讲解服务可以提高导游服务质量,有助于增进彼此了解和陶冶游客性情,有助于传播文化,更是一个导游能力的最佳体现。

“江山美不美,端赖导游一张嘴”,虽然有些夸大,但它体现了讲解中语言艺术性的重要性。语言的艺术性需要注意以下几个环节:

1. 导游语言讲解的内容要言之有物,更要有文学色彩。

山水风光或文物古迹的欣赏价值,总是与当地的自然、地理、历史、艺术等条件和特点相联系的。导游人员要指导旅游者以最佳的方式,或最合适的角度去欣赏某一名胜风物,以优美的语言告诉游客蕴藏在景观中的历史故事、神话传说,使游客得到自然美和艺术美的享受,并在潜移默化中增长知识。

2. 旅游语言要友好有礼,富有人情味。

导游讲解语言,要发自内心,要让游客听起来感到亲切、温暖,这样可以使游客产生一种积极、乐观的内在动力。如,一个旅游团,一到巩义就遇到绵绵阴雨,大家情绪十分低落,有的客人就待在饭店不愿意外出旅游。导游人员便对游客说:“这真是天公作美,一听说远道而来的客人今天要旅游黑龙潭,就连忙下起雨来。大家还记得苏东坡的那首诗吧:水光潋滟晴方好,山色空蒙雨亦奇说实话,各位今天运气真好,碰上晴天还真难感受到雨中黑龙潭那别具一格的诗情画意呢。”几句话很快就使游客低落的情绪高涨起来。

3. 讲解时的语言风格

导游讲解时的语言风格是导游所具有的精神特点和语言艺术的综合反映。别林斯基说:风格是“在思想和形式密切融合中按下自己的个性和精神特征的印记。”(《别林斯基论文学》)作为一个导游,磐安农家乐必须接续探索积累,使得自己的导游语言具备一定的个性,形成了自己的艺术风格。比如讲解同一处古迹,有的导游善以生动的描述使人感动,有的善以冷静的叙述令人感叹。导游语言风格的多样性不仅表现于不同的导游表现于同一个导游。优秀的导游其语言才能往往具有多方面的适应性,虽然有一种主导的占优势的风格,但也会表现出另一种风格。

4. 加强旅游讲解语言的灵敏性、技巧性和创新性。

所谓讲解的灵活性就是针对实际情况中的不同游客、不同景点,不同的季候和不同的环境空气,灵活应变,有的放矢。导游服务的对象层次复杂,审美情趣各不相同。因此导游"在讲解的进程中要注重游客的情绪变化、兴趣所在,以便及时调整自己的讲解内容和技巧"灵活应对,融入游客集体中,营造一种亲切融洽的空气,给游客以富于人情味的优质服务。

所谓讲解的技巧性,说到底就是导游怎样用自己的知识、语言来引导游客旅游,让游客感到旅游生活的美妙。如导游在讲解时提出令人感兴趣的话题,但故意引而不发,激发游客急于知道答案的欲望,使其产生悬念。通过对导游讲解语言艺术的探讨阐发,对于取得良好的讲解效应具有十分重要的作用。而要作为一名合格的导游除了要掌握讲解的语言艺术,还要有过硬的专业知识,良好的文化素养和强烈的职业责任感,只要这样才能成为一名优秀的导游,才能给游客优质的导游服务。

而创新性就是敢于从实际出发思虑问题,打破常规,尝试一种新的、更好的、符合实际的讲解方法。对于众所周知的东西,在讲解中可以选取新角度,开发新层次,联系新事例加以解说,这样才能开发出新的内容,提高导游信息的价值,从而吸引游客的注意,使游客有所收益。没有自己的见解和感受,只是机械地照搬导游资料上的介绍,拾人牙慧,就不可能吸引人,感染人。有些东西是资料上没有的,要靠导游自己去收集、考察、体验、回纳和整理。

5. 重视旅游服务语言在旅游促销中的价值

旅游促销的一个核心内容就是信息传递,其实质就是要实现旅游从业者与旅游产品的潜在购买者之间的信息沟通。在具体的旅游活动进程中,旅游从业者与旅游者之间沟通与交流的主要东西就是服务语言,服务语言在旅游促销中的价值主要体现在:树立良好的企业形象、畅通信息传播渠道、和谐与旅游者的关系、激发旅游者行为、诱导旅游需求。

微笑的力量

1. 表现心境良好。面露平和欢愉的微笑,说明心情愉快,充实满足,乐观向上,善待人生,这样的人才会产生吸引别人的魅力。

2. 表现充满自信。面带微笑,表明对自己的能力有充分的信心,以不卑不亢的态度与人交往,使人产生信任感,容易被别人真正地接受。

3. 表现真诚友善。微笑反映自己心底坦荡,善良友好,待人真心实意,而非虚情假意,使人在与其交往中自然放松,不知不觉地缩短了心理距离。

4. 表现乐业敬业。工作岗位上保持微笑,说明热爱本职工作,乐于克尽职守。如在服务岗位,微笑更是可以创造一种和谐融洽的气氛,让服务对象倍感愉快和温暖。

(1)言语沟通的原则

旅游服务人员在与客人进行语言沟通时要遵守以下几个原则:

第一,要选择准确表达思想内容的语句。选用合适的语句,准确、恰当地表达自己的思想是与客人进行顺利交往的首要一环。“言不在多,达意则灵”,交谈时要慎重地斟酌措辞,不要造成歧义,使客人误解。导游员在讲解过程中,语言要讲逻辑顺序,不要颠三倒四,啰嗦重复,使客人抓不住要领,听不出所以然。第二,言语交往要符合特定的交往环境。言语交往都是在特定的交往环境中进行的,一般包括谈话的对象、时间、地点、场合、心理情绪等。讲话的语言要适应不同对象的特点,首先要弄清客人的年龄、身份、职业、文化修养等条件,针对不同的对象,交谈不同的内容,采用不同的语言形式。比如,在旅游接待中,与外宾讲话,就要讲究分寸,不卑不亢;与年长的人讲话,要用尊重的口气;与年轻的人讲话,就要真诚、亲切。与一名音乐教师可以谈交响乐的欣赏,对目不识丁的农民就不能谈这个话题,而应谈庄稼与收成之类的话题。

(2)旅游交往中的语言表达技巧

旅游交往中的语言表达要注意以下几个方面:

首先是旅游服务用语。旅游服务交往中的用语是相当丰富的。由于服务工作的特殊性,要求服务人员在服务中正确使用礼貌用语,常用的有“对不起”“别客气”“谢谢”“您好”“再见”“欢迎再来”等。“对不起”,包含着道歉、赔礼的意思。服务人员与宾客双方在服务与被服务的过程中不够默契的时候,服务人员就应主动地表示歉意。比如总台、餐厅的客人多时,由于服务人员顾不过来而使一些客人受到冷落,或客人的某一要求得不到满足等等,服务人员都应该向客人表示歉意,这就需要说声“对不起”。“别客气”,体现了服务人员的虚心和谦逊。优秀服务员常常赢得客人的赞誉,面对这样的情况,服务人员要更虚心,以示再接再厉,此时就应说声“别客气”。“谢谢”本该是客人的常用语,但服务员也应常常向客人说声“谢谢”。这是因为在服务过程中,如果没有被服务者,没有被服务者的光顾和配合,就没有了服务对象,也达不到服务的目的,更谈不上企业的经济效益和社会效益。在接待客人时,服务人员向客人说声“您好”,表达了服务人员真挚的问候和情意。尤其对客人中的长者,服务人员更应主动道声“您好”,以示尊重和敬意。客人临别时,服务人员应向他们说声“再见”“欢迎再来”,这一方面表示服务人员坚持信誉第一,在服务成功后,仍暗示客人,服务中有不周到的地方,请多指正,我们一定改进;另一方面,也是暗示客人"下次再来"。其次是声调的使用。说话声调能直接影响服务交往的效果。比如当客人刚进酒店以后,服务人员说的"您好""请进""请坐"等用语,因为蕴含着"您的光临使我们非常高兴"的意思,这时用语的声调应当响亮而有朝气,以表示一种喜悦的心情。如果声音太小,客人就会觉得你不冷不热,态度傲慢,但声调也不宜过高,否则,刚进门的人会觉得你做作,已在店内的客人也会觉得厌烦。客人离店时,服务人员说的"再见""欢迎您再来"等用语,以亲切、热情为宜,表达依依惜别之情。如果音量过大,声调过高,客人会以为服务员人员不耐烦了,反而造成误会。

2. 非言语沟通

非言语沟通是人们通过使用不属于言语的方式来沟通感情、交流信息的过程,通常包括身体动作、面部表情、穿着打扮、交往距离等内容,一般称做身体语言。非言语沟通有很重要的作用。有人估计,在两个人的交往场合中,大约有65%的"含义"是通过非言语的方式传递的。美国社会心理学家艾伯特·梅拉比认为:信息的全部表达 = 55%表情 + 38%声音 + 7%言语。不管这些看法是否完全正确,但都说明了身体语言在社会交往中的作用。尤其在某些特定场合,比如在那种不便说话、不愿说话或言语不通的场合,身体语言有直接的表意作用,人的思想、感情等也会从体态语中反映出来。在旅游交往中身体语言的内容主要包括以下几个方面:

(1)面部表情

面部表情是人们思想感情的流露,有时可起到言语所起不到的作用。面部的眼睛、眉毛、鼻子、嘴、脸颊肌肉,都是传达感情的工具。比如,人生气时会拉长了脸,肌肉下沉;人高兴时"喜笑颜开",肌肉松弛。还比如,人惊异时张嘴、愤怒时闭嘴、蔑视时撇嘴、不高兴时翘嘴等。人们常说:"眼睛是心灵的窗户"。眼睛与有声言语协调,可以表达千变万化的思想感情。眼睛凝视时间的长短,眼睑睁开的大小,瞳孔放大的程度和眼睛的其他一些变化,都能传递最微妙的信息。一般来讲,每一种目光都有其特定含义。比如,视线频频乱转,给人的印象是心不在焉。视线向上,表示沉思高傲。视线向下,表示害羞、胆怯、悔恨等。在旅游服务中,欲达到最佳的交际效果,就要学会巧妙地使用目光。比如,要给客人一种亲切感,你就应让眼睛闪现热情而诚恳的光芒;要给客人一种稳重感,你就应送出平静而诚挚的目光;要给客人一种幽默感,你就应闪现一种俏皮而亲切的眼光。自然得体的眼神是语言表达的得力助手。另外,在面部表情中,微笑起着更大的作用,它能给客人以亲切与甜美的感受。

旅游服务业为什么提倡微笑服务呢?首先,微笑可以帮助人镇定。当你第一次踏入社交场合,或第一次与客人交往,不免会感到羞怯与局促,微笑可以帮你摆脱窘境。其次,微笑可以提供思考的时间。有时碰到客人向你提出请求或要求,而客人的请求由于种种原因不好满足,若板起脸来拒绝,往往会使客人产生反感,难以接受。如果先示以微笑,就能为自己赢得思考时间,找到恰当的话题,不伤和气地解决问题。再次,微笑是信赖之本。微笑是一个人对他人的态度诚恳的一种表现,它能给人以亲切、友好的感受。在旅游服务工作中,服务员若能以微笑面对客人,必将消除客人的陌生感、恐惧心,使客人产生“宾至如归”之感。微笑的妙用还不仅仅是以上几点,微笑是美的象征,是自信的表现,是礼貌的表示,是心理健康的标志。服务人员使用微笑性的表情语,配以服务的文明用语,使无声语言与有声语言相得益彰。

(2)身姿动态

人的动作与姿势是人的思想感情和文化修养的外在体现,也反映着对他人的态度。手势是言语交往的辅助手段。手势有情绪性的,如恼怒时握拳,恐惧时掩鼻等;有指示性的,如招手示意人过来,挥手示意人走开等;有描述性的,如可以用手比画东西的大小、方圆等。导游员在讲解时,手势可以衬托、强调关键性的话语,可以显示个人风格。当然,手势的运用也不可过多,不能没有目的地指手画脚,故意造作,分散游客的注意力。运用手势要明确、精练和个性化。

坐姿和站相也是不容忽视的。入坐时,要轻、要稳,不可响动过大。不论坐椅子还是坐沙发,姿势要自然端正,以坐一半为好,也可靠在沙发上,但忌半躺半坐。另外,站着与客人交谈,身体要正对着客人,腰要挺直,两腿不要抖动。

(3)服饰

人的服饰、发型、化妆、饰物等,可以反映一个人的身份、地位、性格、爱好等。由于旅游服务工作的特殊性,服务人员(特别是宾馆饭店)一般统一穿着工作服装,不宜穿戴得过于高贵、华丽,这既表明了自己的服务人员的身份,也表明了对客人的尊重。

(4)空间距离

人与人之间存在着一条看不见但实际存在的界限,这就是个人领域的意识。每个人都需要有属于自己的一定空间,在个体空间内,人会产生安全感、舒适感和自由感。当然,个体空间具有伸缩性,不同的人需要的个体空间的范围也不同,这与人们的心理、文化、地位以及人与人之间的关系等因素有关。

了解人际交往中的空间距离,对旅游服务人员在与客人的交往中把握好交际的分寸是十分重要的。首先,要尊重客人的“空间距离”的意识,不与客人说过头的话,开过头的玩笑。要善于控制自己的情绪与理智,与人接触保持一定的频率,不可过频或过疏,过频使人生厌,过疏显得冷淡。不要介入有关私人问题的评论,不要有意无意窥视客人的隐私。其次,要尊重客人的习惯和性格,随时注意客人对空间距离的反馈信号,要根据客人的信号调节自己的言行。否则,自己本无恶意的侵犯行为被客人误解,就会影响与客人的关系。最后,要追求共享空间的默契。这需要人们遵守社会优良行为准则,具有较高的思维艺术和精神修养，以及人与人之间的相互宽容和爱。这是把握空间距离的最佳境界。

二、客人的需求心理

旅游业的服务宗旨就是尊重客人的意愿，一切为客人着想，千方百计为客人服务，以满足客人的需要。那么，客人有哪些心理需求呢？

（一）方便

方便是旅游者选择饭店首要考虑的因素。

（二）安全

安全需要是旅游者的最重要的需要之一。按照马斯洛的需要理论，安全需要是人类与生俱来的、最基本的需要。保障旅游者的安全是饭店的一项重要任务，它既可以缓解旅游者的心理紧张，为其带来安全感，也反映着饭店管理和服务的水平。

（三）清洁卫生

旅游者关心其入住饭店的清洁卫生，是一种正常心理需求。满足这一需要的同时，也是满足安全需要的一个方面。旅游者对清洁卫生的高要求，也反映了其安全感的缺乏。设施可以低档次，甚至服务可以不完善，但是，对清洁卫生的要求是不分档次的，绝不能含糊，必须高标准、严要求。清洁卫生不仅仅是对饭店服务的一种要求，也是社会文明的一种标志，是文明生活、高质量生活的一个组成部分。

（四）安静

饭店的一个主要功能是为客人提供休息的场所。如何为客人创造一个安静舒适的环境，消除客人的旅途疲劳，是为客人提供良好的饭店服务的前提条件。

（五）公平

追求公平是现代社会人们的一种普遍心理需求，也是社会文明发展的一个结果。商业文明遵循的就是在金钱面前人人平等，不以人的社会地位、经济地位、穿着打扮等方面而在价格与服务上有不同的尺度。

【计划、决策与实施】>>>

学习情景三	旅游服务中的人际交往
工作过程二	旅游服务中的客我交往
学生行为	进行成员任务分配，制订工作计划，讨论计划的科学合理性，完善计划并做出最终决策。通过查阅互联网、相关书籍或知识链接资料，搜集客我交往的资料等实施决策，深入认识客我交往的现实性意义，意识到良好的客我关系在旅游服务工作中的重要性，进行总结

续表

<table>
<tr><td>教师行为</td><td colspan="6">督导学生分组讨论,审核工作计划,提出修改建议,引导学生做出正确的决策,对学生的具体分析和完成各项任务进行答疑与督导,并观察学生的表现</td></tr>
<tr><td rowspan="11">计划、决策与实施</td><td>序号</td><td colspan="2">实施步骤</td><td>操作要领</td><td colspan="2">参考资料详细地址</td></tr>
<tr><td>1</td><td colspan="2"></td><td></td><td colspan="2"></td></tr>
<tr><td>2</td><td colspan="2"></td><td></td><td colspan="2"></td></tr>
<tr><td>3</td><td colspan="2"></td><td></td><td colspan="2"></td></tr>
<tr><td>4</td><td colspan="2"></td><td></td><td colspan="2"></td></tr>
<tr><td>5</td><td colspan="2"></td><td></td><td colspan="2"></td></tr>
<tr><td>6</td><td colspan="2"></td><td></td><td colspan="2"></td></tr>
<tr><td>7</td><td colspan="2"></td><td></td><td colspan="2"></td></tr>
<tr><td>8</td><td colspan="2"></td><td></td><td colspan="2"></td></tr>
<tr><td>9</td><td colspan="2"></td><td></td><td colspan="2"></td></tr>
<tr><td>10</td><td colspan="2"></td><td></td><td colspan="2"></td></tr>
<tr><td>组长签字</td><td colspan="2"></td><td colspan="2">组　　别</td><td colspan="2"></td></tr>
<tr><td>教师签字</td><td colspan="2"></td><td colspan="2">日　　期</td><td colspan="2"></td></tr>
</table>

【评价、检查与反馈】>>>

学习情景三	旅游服务中的人际交往
工作过程二	旅游服务中的客我交往
学生行为	1. 对旅游服务中的客我交往工作任务完成情况进行自我检查和反思,填写检查表。 2. 能利用所学的理论知识完成实训项目,总结学习中的收获与体会,进行自我评价,并对本小组的成员表现进行逐一评价,填写评价单和学习反馈单
教师行为	听取学生成果汇报,检查学生学习任务完成情况,并指出不足及修改建议,对学生的学习表现进行评价,通过学生教学反馈总结教学的不足,制订工作改进计划

续表

	评价类别	项目	子项目	个人评价	教师评价	组内互评
评价	专业能力(60%)	资讯(15%)	搜集信息查找资料(5%)			
			引导问题回答(10%)			
		计划实施(20%)	工作流程的正确性(2%)			
			方案设计科学性(3%)			
			实施操作正确性(10%)			
			知识的运用(5%)			
		检查(5%)	全面性、准确性(3%)			
			异常情况排除(2%)			
		结果(20%)	演示汇报(10%)			
			知识技能掌握(10%)			
	社会能力(20%)	团结协作(10%)	对小组的贡献(5%)			
			小组合作配合情况(5%)			
		敬业精神(10%)	吃苦耐劳精神(5%)			
			学习纪律性(5%)			
	方法能力(20%)	计划能力(10%)				
		决策能力(10%)				

	序号	检查项目	检查标准	学生自检	教师检查
检查	1	目标认知	工作目标明确,工作计划周密,具有可操作性		
	2	理论知识	基础理论知识的全面掌握		
	3	基本技能	能够运用基本的理论进行实践思考、分析、解决问题		
	4	学习能力	能在教师指导下,全面掌握相关知识和技能		
	5	工作态度	主动参与,积极完成工作任务		
	6	团队合作	积极与他人合作,共同完成任务		
	7	工具运用	熟练利用资料自学,利用网络进行资料查询		
	8	任务完成	保质保量完成任务		

续表

教学反馈	我对学习本工作过程的意见或建议		
组长签字		组　别	
教师签字		日　期	

工作过程三　员工间人际交往

【任务布置】

学习情景三	旅游服务中的人际交往	
工作过程三	员工间人际交往	
教师行为	1. 引导学生明确工作任务及资讯问题，对学生进行随机分组，组成本工作过程的学习小组。 2. 讲解并引导学生学习影响员工间人际交往的因素，理解员工间人际关系对生活、工作的影响，培养学生能与同事保持良好的人际关系	
学生行为	在教师引导下，明确学习任务及要求，分组学习知识链接，查阅资料和文献，找出资讯问题的答案，初步掌握学习内容，能够利用所学知识完成实训项目	
工作任务	了解人际关系理论，学习影响人际关系的因素，有意识地培养自己能与他人保持良好的人际关系	
资讯	资讯问题	1. 为什么要与同事建立良好的人际关系
		2. 与同事保持良好人际关系的方法有哪些
		3. 请谈谈你是怎样与家人相处的
		4. 平时你是怎样与朋友相处的
		5. 当你与同事发生矛盾、冲突时你觉得应该怎样化解
	资讯引导	以上资讯问题请查阅本书知识链接，同时参考以下书籍： 1.《旅游心理》，人力资源和社会保障部教材办公室组织编写，中国劳动社会保障出版社，2008 年版。 2.《旅游服务心理素质与职业发展能力训练教程》，陈定樑著，浙江工商大学出版社，2011 年版。 3.《旅游心理服务与技巧》，人力资源和社会保障部教材办公室组织编写，中国劳动社会保障出版社，2008 年版。 4.《卡耐基口才的艺术与人际关系》，卡耐基著，马剑涛，肖文键译，中国华侨出版社，2010 年版。 5.《旅游心理学》，黄继元主编，重庆大学出版社，2003 年版。 6.《人际关系心理学》，彭贤主编，北京交通大学出版社，2008 年版

【知识链接】>>>

前面我们提到过旅游活动中的人际交往大致有三类:一种是服务人员与客人之间的交往,称之为“客我交往”,这是旅游工作中人际交往最典型、最有价值的;第二种是客人之间的相互交往,通常情况下此类交往发生频率较低;第三种是员工之间的交往。现在我们就讨论一下第三种情况。

一、员工间人际关系的重要性

员工之间的人际关系状况对员工的行为及旅游工作的影响是很大的。员工之间、管理者与员工之间有着良好的人际关系,对提高群体士气,顺利完成组织目标有着重要作用。

早在1939年罗特里斯和狄克逊曾在工业企业做过大量研究,发现同一班组成员之间如果互相关心、互相尊重、互相同情,则生产目标完成的较好。1948年席尔斯和贾诺维兹对第二次世界大战的军队进行过系统研究,结论是,德国军队的总崩溃有多种原因,其中有一个社会心理问题,在纳粹军队中各个连队和更小的单位中,充满互不信任和敌意,互不支持,不能彼此合作。这成为德军失败的一个原因。苏联也有类似的研究,结果发现:如果一个班组群体中占优势的心情是仇恨,不友好,不谅解,那么,这个群体必然会有无休止的争吵,结怨报复、造谣中伤等。调查发现人际关系状况好的班组,其劳动生产率比其他班组高,违反劳动纪律的情况比其他班组少;上述两方面结果尤以人际关系状况差的班组最不好。其他研究发现,在前苏联工厂中要求调动工作的工人中,有五分之一是因为同领导关系不好,或与同事关系不和睦。这一系列研究说明:在企业中,内部人际关系的好坏直接关系到这个企业生产经营的好坏,关系到员工自我心理满足状况。

从消费者角度看,旅游服务是以“为人们创造美好经历”为其产品的,这个过程是在员工直接参与下,与客人一起共同创造的。由于旅游服务业的这种特殊性,员工的情感状态、自我感觉、人际关系状况、彼此的合作、支持帮助等,对完成“美好经历的构造”过程就显得更加重要。换句话说,美好的员工才能创造出“美好的经历”,才能创造出好的旅游产品。

二、与同事保持良好关系的方法

(一)人际交往的原则

(1)平等的原则

社会主义社会人际交往,首先要坚持平等的原则,无论是公务还是私交,都没有高低贵贱之分,要以朋友的身份进行交往,才能深交。切忌因工作时间短,经验不足,经济条件差而自卑,也不要因为自己是大学毕业生、年轻、美貌而趾高气扬。这些心态都影响人际关系的顺利发展。

(2)相容的原则

主要是心理相容。即人与人之间的融洽关系,与人相处时的容纳、包含、以及宽容、忍让。主动与人交往,广交朋友,交好朋友,不但交与自己相似的人、还要交与自己性格相反的人,求同存异、互学互补、处理好竞争与相容的关系,更好地完善自己。

(3)互利的原则

指交往双方的互惠互利。人际交往是一种双向行为,故有"来而不往、非理也"之说,只有单方获得好处的人际交往是不能长久的。双方都要受益,不仅是物质的,还有精神的,所以交往双方都要讲付出和奉献。

(4)信用的原则

交往离不开信用。信用指一个人诚实、不欺、信守诺言。古人有一言既出、驷马难追的格言。现在有以诚实为本的原则,不要轻易许诺,一旦许诺、要设法实现,以免失信于人。朋友之间,言必信、行必果、不卑不亢、端庄而不过于矜持,谦虚而不矫饰诈伪,不俯仰讨好位尊者,不藐视位卑者显示自己的自信心,取得别人的信赖。

(5)宽容的原则

表现在对非原则性问题不斤斤计较,能够以德报怨,宽容大度。人际交往中往往会产生误解和矛盾。大学生个性较强,接触又密切,不可避免产生矛盾。这就要求大学生在交往中不要斤斤计较,而要谦让大度、克制忍让,不计较对方的态度、不计较对方的言辞,并勇于承担自己的行为责任,做到宰相肚里能撑船,他吵,你不吵;他凶,你不凶;他骂,你不骂。只要我们胸怀宽广,容纳他人,发火的一方也会自觉无趣。宽容克制并不是软弱、怯懦的表现。相反,它是有度量的表现,是建立良好人际关系的润滑剂,能化干戈为玉帛,赢得更多的朋友。

(二)人际交往的方法

人际关系是我们生活中的一个重要组成部分。倘若搞不好人际关系,将对我们的工作、生活及心理健康产生不良的影响。在现实社会中,由于各人的性格、秉赋、生活背景及目的等等的不同而产生的思想上的一定隔阂,这是正常的,也是可以理解的。倘若在工作或生活中和所有的人都合不来,那就不正常了,需要作自我调整并加以改变。人依据其年龄、性别、职业、职位、所处环境等情况而扮演着不同的社会角色。在与人接触时,不同的角色有着不同的行为规范,所以在和不同的人相处时,有不同的要求和技巧。

首先,要处处替他人着想,切忌自我中心。要搞好同事关系,就要学会从其他的角度来考虑问题,善于作出适当的自我牺牲。要做好一项工作,经常要与别人合作,在取得成绩之后,要共同分享,切忌处处表现自己,将大家的成果占为己有。提供给他人机会、帮助其实现生活目标,对于处理好人际关系是至关重要的。替他人着想还表现在当他人遭到困难、挫折时,伸出援助之手,给予帮助。良好的人际关系往往是双向互利的。给别人的种种关心和帮助,当自己遇到困难的时候也会得到回报。

其次,要胸襟豁达、善于接受别人及自己。要不失时机地给别人以表扬。但须注意的是要掌握分寸,不要一味夸张,从而使人产生一种虚伪的感觉,失去别人对你的信任。

再次,要掌握与同事交谈的技巧。在与同事交谈时,要注意倾听他的讲话,并给予适当的反馈。聚神聆听代表着理解和接受,是连接心灵的桥梁。在表达自己思想时,要讲究含蓄、幽默、简洁、生动。含蓄既表现了自己的高雅和修养,同时也起到了避免分歧、说明观点、不伤关系的作用。提意见、指出别人的错误,要注意场合,措词要平和,以免伤人自尊心,令人产生反抗心理。幽默是语言的调味品,它可使交谈变得生动有趣。简洁要求在与人谈话时掌握该说的说,不该说的不说。与人谈话时要有自我感情的投人,这样才会以情动人。

最后,要抽时间和同事打成一片。培养自己多方面的兴趣,以爱好结交朋友也是一种好办法。另外,互相交流信息、切磋自己的体会都可融洽人际关系。

【计划、决策与实施】

学习情景三	旅游服务中的人际交往
工作过程三	员工间人际交往
学生行为	进行成员任务分配,制订工作计划,讨论计划的科学合理性,完善计划并做出最终决策;通过查阅互联网、相关书籍或知识链接资料,搜集自我认识的资料等实施决策,深入认识知觉、态度理论的现实性意义,意识到自我认识在社会生活中的重要性,进行总结
教师行为	督导学生分组讨论,审核工作计划,提出修改建议,引导学生做出正确的决策,对学生的具体分析和完成各项任务进行答疑与督导,并观察学生的表现

续表

	序号	实施步骤	操作要领	参考资料详细地址
计划、决策与实施	1			
	2			
	3			
	4			
	5			
	6			
	7			
	8			
	9			
	10			
组长签字			组　　别	
教师签字			日　　期	

【评价、检查与反馈】

学习情景三	旅游服务中的人际交往
工作过程三	员工间人际交往
学生行为	1. 对员工间人际交往工作任务完成情况进行自我检查和反思，填写检查表。 2. 能利用所学的理论知识完成实训项目，总结学习中的收获与体会，进行自我评价，并对本小组的成员表现进行逐一评价，填写评价单和学习反馈单
教师行为	听取学生成果汇报，检查学生学习任务完成情况，并指出不足及修改建议，对学生的学习表现进行评价，通过学生教学反馈总结教学的不足，制订工作改进计划

续表

	评价类别	项目	子项目	个人评价	教师评价	组内互评
评价	专业能力（60%）	资讯（15%）	搜集信息查找资料（5%）			
			引导问题回答（10%）			
		计划实施（20%）	工作流程的正确性（2%）			
			方案设计科学性（3%）			
			实施操作正确性（10%）			
			知识的运用（5%）			
		检查（5%）	全面性、准确性（3%）			
			异常情况排除（2%）			
		结果（20%）	演示汇报（10%）			
			知识技能掌握（10%）			
	社会能力（20%）	团结协作（10%）	对小组的贡献（5%）			
			小组合作配合情况（5%）			
		敬业精神（10%）	吃苦耐劳精神（5%）			
			学习纪律性（5%）			
	方法能力（20%）	计划能力（10%）				
		决策能力（10%）				

	序号	检查项目	检查标准	学生自检	教师检查
检查	1	目标认知	工作目标明确，工作计划周密，具有可操作性		
	2	理论知识	基础理论知识的全面掌握		
	3	基本技能	能够运用基本的理论进行实践思考、分析、解决问题		
	4	学习能力	能在教师指导下，全面掌握相关知识和技能		
	5	工作态度	主动参与，积极完成工作任务		
	6	团队合作	积极与他人合作，共同完成任务		
	7	工具运用	熟练利用资料自学，利用网络进行资料查询		
	8	任务完成	保质保量完成任务		

续表

<table>
<tr><td>教学反馈</td><td colspan="3">我对学习本工作过程的意见或建议</td></tr>
<tr><td>组长签字</td><td></td><td>组　　别</td><td></td></tr>
<tr><td>教师签字</td><td></td><td>日　　期</td><td></td></tr>
</table>

学习情境四

旅游者的心理特征与服务技巧

学习情境分析

在旅游活动中人们会表现出与日常生活中不同的心理状态。本学习情景以分析旅游者的心理特征,学会相对的服务技巧为工作目标,引导学生完成旅游者的个性与旅游行为、旅游服务的心理策略、游客投诉的心理及处理技巧三个工作过程的学习。作为旅游服务人员,应掌握处理旅游过程中出现的人际难题的方法与技巧,以及化解旅游投诉心理问题的方法与原则。

学习目标

知识目标: 了解驱动旅游者外出旅游的几种常见心理状态
掌握旅游过程中旅游者体现出来的个性心理
掌握旅游服务的一些心理策略
掌握游客投诉的服务技巧

能力目标: 能够从游客的行为判断旅游者的心理状态
能够针对游客的心理状态提供个性化服务
能够化解游客的投诉

素质目标: 培养学生的服务意识
使其养成良好的职业素养

工作过程一　旅游者的个性与旅游行为

【任务布置】 >>>

学习情景四	旅游者的心理特征与服务技巧
工作过程一	旅游者的个性与旅游行为

续表

<table>
<tr><td>教师行为</td><td colspan="2">1. 引导学生明确工作任务及资讯问题，对学生进行随机分组，组成本工作过程的学习小组。
2. 讲解旅游者个性与旅游行为等基本知识，使学生明白旅游者个性与行为之间的关系，引导学生能够运用科学的方法对对旅游者行为做出判断，解答学生提问</td></tr>
<tr><td>学生行为</td><td colspan="2">在教师引导下，明确学习任务及要求，分组学习知识链接，查阅资料和文献，找出资讯问题的答案，初步掌握学习内容，能够利用所学知识完成实训项目</td></tr>
<tr><td>工作任务</td><td colspan="2">了解常见的旅游者的个性心理，掌握处理旅游过程中出现的人际难题的方法与技巧，以及化解旅游投诉心理问题的方法与原则</td></tr>
<tr><td rowspan="6">资讯</td><td rowspan="5">资讯问题</td><td>1. 旅游者的个性有哪些类型</td></tr>
<tr><td>2. 试阐述不同的个性能引发哪些旅游行为</td></tr>
<tr><td>3. 性格倾向不同，旅游者的行为有哪些差距</td></tr>
<tr><td>4. 不同的旅游者能力有所不同吗</td></tr>
<tr><td>5. 根据气质类型的不同，旅游服务人员可以提供怎样的心理服务</td></tr>
<tr><td>资讯引导</td><td>以上资讯问题请查阅本书知识链接，同时参考以下书籍：
1.《旅游心理》，人力资源和社会保障部教材办公室组织编写，中国劳动社会保障出版社，2008 年版。
2.《旅游服务心理素质与职业发展能力训练教程》，陈定樑著，浙江工商大学出版社，2011 年版。
3.《旅游心理服务与技巧》，人力资源和社会保障部教材办公室组织编写，中国劳动社会保障出版社，2008 年版。
4.《旅游心理学》，黄继元主编，重庆大学出版社，2003 年版。
5.《旅游心理学》，汪红烨，王立新，杜红梅主编，上海交通大学出版社，2011 年版</td></tr>
</table>

【知识链接】>>>

旅游者的人格特征与旅游者的行为之间的关系既十分复杂又紧密相关。通过对旅游者的人格类型和人格结构的分析，有助于旅游工作者更好地预测和引导旅游者的行为。

一、旅游者的个性类型

（一）以性格倾向划分的旅游者个性

在一项专为调查旅游目的地受人欢迎的程度为何出现大幅度摆动而设计的研究中，人们发现具有内倾和外倾性格的人，在旅游行为的许多方面存在着明显的区别。

表4－1　性格倾向与旅游者行为

内倾型个性	外倾性个性
选择熟悉的旅游目的地	选择非旅游地区
喜欢旅游目的地的一般活动	喜欢获得新鲜经历和享受新的喜悦
选择晒日光浴和游乐场所，包括相当程度无拘无束的休息	喜欢新奇的、不寻常的旅游场所
活动量小	活动量大
喜欢去能驱车前往的旅游点	喜欢坐飞机去旅游目的地
喜欢正规的旅游设备，诸如设备齐全的旅馆、家庭式的饭店和旅游商店	旅游设备只要包括较好的旅馆和伙食，不一定要现代化的大型旅馆，不喜欢专门吸引旅游者的商店
喜欢家庭的氛围，熟悉的娱乐活动，不喜欢外国的气氛	喜欢与不同文化背景的人接触、会晤和交谈
要准备好齐全的旅行行装，全部日程都要事先安排妥当	旅游的安排只包括最基本的项目，留有较大的余地和灵活性

资料来源：斯坦利·普洛格，为何旅游点受欢迎的程度出现大幅度摆动，旅游研究协会南加利福尼亚分会上宣读的论文（1972 年 10 月 10 日宣读）。

由表中显示的调查结果表明，内倾型个性的旅游者期望他们的旅游生活具有可测性，理想中的旅游度假包括旅游目的地、旅游活动以及旅游设施等都应该是稳定不变、有条不紊和事先安排好的。而外倾型个性的旅游者则渴望旅游生活中遭遇到一些出乎意料、奇特的经历，喜欢享有不同寻常、全新的感受和追求有刺激的旅程。显然，倾向性不同的旅游者在旅游目的地、旅游活动量、旅游食宿场所选择、旅游动机及旅游方式等方面表现出明显的差异。

（二）以生活方式划分的旅游者个性

生活方式是指社会生活的形式，它作为一种综合性的人格特征，与人的日常生活中的各种行为关系密切。按照生活方式来划分，旅游者的类型大致有以下几种：

1. 喜欢安静生活的旅游者

这类旅游者重视家庭，关心孩子，维护传统，爱好整洁，而且对身体健康异常注意。尽管他们也有足够的钱用来旅游，但他们更愿意将较多的钱用来购置家具，花更多的时间维修和粉刷房屋等。当然，他们对于一次幽静的度假也会十分欣赏。一般情况下，他们选择的旅游目的地大多是环境宜人的湖滨、海岛、山庄等旅游区。他们喜欢这里清新的空气、明媚的阳光，喜欢去狩猎、钓鱼、与家人野餐。这种人喜欢平静的生活，不愿意冒任何风险，而且对广告从来都抱怀疑态度——尤其是报纸和杂志上面的广告。了解了这类旅游者的特点以后,我们就可以知道哪些产品和哪些产品宣传方式符合这一类人的需要、价值观、爱好和态度。因此,在激发这一部分人的旅游动机、引导他们的旅游行为时,就应该着重强调该旅游目的地能够提供全家在一起度假的机会,这里有助于培养孩子们对户外活动的兴趣,比如告诉他们这里的空气有多么清新,环境是多么清洁,等等。

2. 喜欢交际的旅游者

这类旅游者活跃、外向、自信、易于接受新鲜事物,他们喜欢参加各种社会活动,认为旅游度假的含义不能局限于休息和轻松,而应该把它看成是结交新朋友、联络老朋友、扩大交往范围的良好时机。他们还喜欢到遥远的、有异国情调的旅游目的地去旅游。总之,他们是敢做敢为的,活跃的,对新经历充满兴趣的。

3. 对历史感兴趣的旅游者

对历史感兴趣的旅游者认为旅游度假应该过得有教育意义,能够增长见识,而娱乐只是一个次要的动机。他们认为旅游度假是了解他人、了解他们的习俗和文化的良机,是丰富自己对形成今天这个世界产生过影响的历史人物和事件的了解的良机。对历史感兴趣的旅游者之所以对受教育和增长见识如此重视,这是因为他们把自己的家庭和孩子看成是生活中最重要的部分,认为教育孩子是做家长的主要责任。因此他们认为假期应该是为孩子安排的,并且认为全家能在一起度假的家庭是幸福的家庭。因此,要想吸引这一类人去旅游,在旅游景点的宣传上就要突出其所能提供的受教育、长知识的机会,并强调全家可以在一起度假。

二、旅游者的气质类型

旅游者不同的气质特征,在旅游活动的各个阶段都会通过他们的言谈举止表现出来,在旅游服务过程中也可以观察得到。分析旅游者不同气质的表现,便于进一步了解旅游者,为他们提供满意的服务。根据旅游者气质特征及其在旅游活动中的行为表现,可以将旅游者的气质类型大体划分为急躁型、活泼型、稳重型、忧郁型四种类型。

(一)急躁型旅游者(胆汁质型)

这类旅游者性情急躁,讲话直率,在交谈中表现自信,常喜欢讲:“我认为……”“我觉得……”;也喜好与人激烈争论问题,并力求争赢。他们对人热情,感情外露,容易兴奋激动;当看到奇美景观时,常会振臂欢呼,大声呐喊;在游览中易被导游生动有趣的讲解所打动,并不由自主地发出赞叹声或会不加思索地提出一些问题。他们精力旺盛,多有冒险精神,喜欢参与富有挑战性、刺激性的旅游项目,活动积极。他们碰到问题常不冷静,不善于控制情绪,易发火或大声叫嚷吵闹,排队、乘车、办手续、旅游活动中稍有怠慢则显得心急火燎、烦躁不安。他们多属于冲动型购物,容易成交;旅途中常粗心大意、丢三落四,遗失证件、行李和钥匙等物品。在旅游服务中,对于这类旅游者最要注意态度和善，语言友好，千万不要刺激对方，如果出现矛盾应避其锋芒，以柔克刚。

（二）活泼型旅游者（多血质型）

这类旅游者活泼好动，开朗大方，爱说爱笑爱热闹，喜欢与人交往和攀谈，常表现为“见面熟”。他们易于适应环境的变化，反应快、灵活、理解能力强，对各种新奇事物都感兴趣、爱发问，是旅途中的活跃分子；他们常是游客中的号召者和组织者，肯动脑筋、出主意，表现出机敏的能力和较高的活动效率；他们古道热肠，不甘寂寞，常成为陪同人员的得力帮手；他们喜欢参与变化大、花样多、参与性强的旅游项目；他们情感多变，在多数情况下显得乐观，精神愉快，相处自然；他们很容易受感动，常会触景生情，情不自禁，浮想联翩。对于这类旅游者接待中应主动接近、交谈，向他们介绍各种旅游活动和娱乐活动场所，联络感情，以示关怀。

（三）稳重型旅游者（黏液质型）

这类旅游者外柔内刚，沉静多思，很少主动与人交谈，也很少流露出内心的真情实感，常给人以难以揣摸、不易接近的感觉。他们喜欢清静的环境，很少大声谈笑，也很少发脾气，自制力很强；无论环境如何变化，都能基本保持心理平衡。凡事力求稳妥，如作旅游决策时常常谨慎小心，深思熟虑；他们喜欢节奏比较缓慢、变化不大、相对稳定，需要付出一定意志去努力的旅游活动；好故地重游，拜访旧友，一般不选择新开发的旅游区；喜欢住口碑良好的曾经住过的旅游饭店，喜欢吃自己熟悉的食品，对新花样不感兴趣。旅游中听导游讲解或介绍时，总希望讲慢一点或多重复几次，注意力集中，不易转移；他们多属于习惯性顾客，往往是认牌子、认商标购物，对使用新产品不放心。在旅游活动中表现比较保守和墨守成规，缺乏灵活机动。旅游中对于这类旅游者尤为要注意他们爱清静、深思熟虑的特点，接待时要耐心细致，不要“瞎参谋”，以免引起反感。

（四）忧郁型旅游者（抑郁质型）

这类旅游者好独处，不善言谈，不爱交往，不好抛头露面，不爱大声喧闹，不愿成为大家注意的人物。他们沉默寡言，腼腆羞怯，性情孤僻；感情细腻而脆弱，情感极少向外流露，但内心体验深刻而强烈。他们自尊心很强，很敏感，能注意一般人不易发现的细小事物和微弱变化；他们好猜疑，想象力也十分丰富。他们的心情会因小事而改变，碰到失败或挫折感到非常痛苦，遇到兴奋或伤心的事常会辗转难眠。他们选择旅游项目往往随大流，不多有自己的主见，对过于激烈或竞争性强的活动难有兴趣，只乐于参加力所能及的旅游活动；在旅游过程中，常比别人容易疲劳，多掉在队伍后面。他们说话做事轻稳细致，遇事三思而后行，对接待服务中的差错一般不会直言指出，而是独自忍受生闷气。对于这类旅游者，在接待服务中应当注意十分尊重他们，格外关心他们，耐心细致为他们排忧解难，想方设法为他们搭桥铺路。

三、旅游者性格的类型

性格类型有不同的分类,心理学家已经从多种角度进行过划分,而对人的性格划分的一般方法,也可以适用于旅游者性格的分类。

(一)按个体独立性程度分类

这种分类按个体活动独立性的程度,将旅游者的性格划分为独立型和顺从型二类。

独立型旅游者,善于独立思考,不受外界和他人的影响。进行旅游选择和决策,往往会认真分析,权衡利弊,一旦做出决断则难以改变。喜欢自主或自主团体型组织方式的旅游,不受约束地安排自己的旅游时间和活动。如若参加团体旅游,往往是旅游活动的策划者、组织者,常受团队成员的拥护信赖,帮助团队客人反映意见或解决问题。

顺从型旅游者,独立性差,易受外界、他人和广告宣传的影响。进行旅游选择和决策,往往按别人的计划或意见行事,喜欢随大流。这类旅游者喜欢参加所属团体组织的集体旅游或旅行社组织的、安排好行程或计划的团体包价旅游。他们在旅行中遇到波折和困难往往会束手无策,一筹莫展。

(二)按心理机能分类

这种分类按理智、情感、意志三种心理机能何者占优势,将旅游者的性格划分为理智型、情感型和意志型三类。

理智型旅游者,通常用理智来衡量一切,并支配自己的行动。他们进行旅游选择和决策,往往会认真思考和细心评估,很少受情绪波动和他人的影响,多喜欢选择具有认知价值和审美意义的人文和自然景观,而较少选择一般的观光或度假旅游以及单纯的娱乐、休闲性旅游活动。

情感型旅游者,凡事易受情感支配。他们作出决择和处理事情爱凭兴趣和情绪,好感情用事。喜欢选择有趣味、有变化的活动内容及方式,喜爱具有浪漫色彩、温馨情调、神秘气氛和不同寻常体验的旅游活动,而对单纯的度假和专项的旅游少有兴致。他们在旅途中常是团队情绪的激发者、烘托者和活跃的中心人物。

意志型旅游者,做事目标明确,善于自我控制。他们对自己选择的旅游目的地或已经定好的游览行程不会轻易改变,不易受外界和他人的影响。对漫无目标和轻而易举的旅游活动少有兴趣,而热衷于目的明确的具有挑战性的能发挥个人能力的旅游活动。在旅途中具备吃苦耐劳精神,能适应各种旅游环境。

(三)按典型特征分类

这种分类按个体的情绪稳定性、社会适应性和心理活动的内外向特征,将旅游者的性格划分为 A 型、B 型、C 型、D 型和 E 型五类。

A 型旅游者,一般情绪不稳定,社会适应性较差,外向。旅游中人际关系不甚融洽,喜欢争强好胜，办事急于求成，性情急躁，他们的言论行为常引起团队成员的注意或议论。

B 型旅游者，一般情绪特征和社会适应性都较为平衡。旅游中不善交际，言谈行为缺乏主动性，但为人处事平和；遇事放得下、想得开，从不耿耿于怀。

C 型旅游者，一般情绪稳定，社会适应性良好，感情内向。游览中言谈行为反应慢，沉静多思好幻想，常处于被动状态，但人际关系从不紧张。

D 型旅游者，一般情绪稳定，社会适应性好，感情外向。旅游活动中活跃开朗，善于交际，同团体成员关系融洽；言行主动积极，肯动脑筋，并有一定的组织领导能力，常是旅游团队的中心人物。

E 型旅游者，一般情绪不稳定，社会适应性差，内向。旅游活动中显得清高、孤僻，沉默寡言，少与人交往，但有自己的偏好与兴趣，喜欢独自思考。

以上对性格的分类仅具有相对的意义。由于受多种因素的影响，旅游者的性格往往不是单一型的，大多数属于中间型或混合型。随着时间的推移和环境等方面的变化，旅游者的性格也将会有所改变。

三、旅游者的能力

旅游过程中，有的旅游者能说会道，口才好；有的善于交往，不仅和大家融为一体，相处和谐，也巧于与当地居民、购物商场营业员打交道；有的旅游者观察仔细，能注意到事物的细枝末节和细微变化；有的想像丰富，面对眼前景物会浮想联翩，乐趣盎然；有的旅游者欣赏水平高，能领略大自然和人世间的千姿百态；有的适应能力强，无论接待环境如何变化，都能自由自在地生活，精力充沛和精神饱满地游览。这些方面的表现，都与旅游者能力的组成和强弱相关。旅游者的能力不仅影响其旅游活动，也与旅游者行为直接相关，其能力的差异必然使他们在旅游活动中表现出不同的行为特点。具体而言，根据旅游者能力的不同，可将旅游者分为下列几种典型类型。

（一）成熟型旅游者

这类旅游者有较全面的能力，他们对旅游信息、旅游行情以及旅游环境的一些变化都比较了解，也具有较丰富的旅游活动经验，参加旅游的次数比较多；他们的旅游动机、旅游目的明确，在进行旅游选择和决策时自主性高。表现自信、很少受外界和广告宣传及他人的影响，能够按自己的需求、价值观等独立做出判断。在旅游中的观察能力，以及适应能力等都比较强，较少依赖于导游，对旅游的要求也比较高（并非生活上）。

（二）一般型旅游者

这类旅游者的能力水平居于中等状况，他们主要通过广告宣传和他人介绍了解一些旅游信息及旅游常识，旅游经验比较缺乏；在进行旅游选择和决策时，他们更乐于听取旅游机构、旅游销售人员或其他旅游者的广泛介绍，旅游动机和目标比较笼统、朦胧，决断时往往缺乏自信，表现得比较犹豫，常常需要三思而行，反复权衡。旅游中比较依赖于导游陪同，生活适应能力表现一般。

（三）幼稚型旅游者

这类旅游者的能力水平低下，他们缺乏旅游信息和旅游知识，对旅游行情不了解，自己的旅游动机和目标不明确。做出决策时常常表现得举棋不定，犹豫不决，极易受外界环境和他人的影响，或者完全依赖于旅游中介机构的宣传，使其旅游决策带有明显的盲目性和随意性。在旅途中他们常常是导游领队和团队关照、同情和帮助的对象。初次出门的旅游者、年老和年幼难以自理者多属于这一类。当然，以上能力类型的划分都是相对的，一个旅游者可能在某些方面的旅游消费行为中表现成熟，而在另一些方面的消费行为中则可能表现一般。随着旅游活动的普及和生活质量的提高，旅游者的能力也会不断地增强。

【计划、决策与实施】

<table>
<tr><td>学习情景四</td><td colspan="4">旅游者的心理特征与服务技巧</td></tr>
<tr><td>工作过程一</td><td colspan="4">旅游者的个性与旅游行为</td></tr>
<tr><td>学生行为</td><td colspan="4">进行成员任务分配，制订工作计划，讨论计划的科学合理性，完善计划并做出最终决策；通过查阅互联网、相关书籍或知识链接资料，搜集旅游者的个性与旅游行为的资料等实施决策，深入分析旅游者个性的现实性意义，意识到旅游者个性与行为之间的联系，进行总结</td></tr>
<tr><td>教师行为</td><td colspan="4">督导学生分组讨论，审核工作计划，提出修改建议，回答学生提问，引导学生做出正确的决策，对学生的具体分析和完成各项任务进行答疑与督导，并观察学生的表现</td></tr>
<tr><td rowspan="11">计划、决策与实施</td><td>序号</td><td>实施步骤</td><td>操作要领</td><td>参考资料详细地址</td></tr>
<tr><td>1</td><td></td><td></td><td></td></tr>
<tr><td>2</td><td></td><td></td><td></td></tr>
<tr><td>3</td><td></td><td></td><td></td></tr>
<tr><td>4</td><td></td><td></td><td></td></tr>
<tr><td>5</td><td></td><td></td><td></td></tr>
<tr><td>6</td><td></td><td></td><td></td></tr>
<tr><td>7</td><td></td><td></td><td></td></tr>
<tr><td>8</td><td></td><td></td><td></td></tr>
<tr><td>9</td><td></td><td></td><td></td></tr>
<tr><td>10</td><td></td><td></td><td></td></tr>
<tr><td>组长签字</td><td colspan="2"></td><td>组　别</td><td></td></tr>
<tr><td>教师签字</td><td colspan="2"></td><td>日　期</td><td></td></tr>
</table>

【评价、检查与反馈】>>>

<table>
<tr><td>学习情景四</td><td colspan="6">旅游者的心理特征与服务技巧</td></tr>
<tr><td>工作过程一</td><td colspan="6">旅游者的个性与旅游行为</td></tr>
<tr><td>学生行为</td><td colspan="6">1. 对旅游者的个性与旅游行为工作任务完成情况进行自我检查和反思，填写检查表。
2. 能利用所学的理论知识完成实训项目，总结学习中的收获与体会，进行自我评价，并对本小组的成员表现进行逐一评价，填写评价单和学习反馈单</td></tr>
<tr><td>教师行为</td><td colspan="6">听取学生成果汇报，检查学生学习任务完成情况，并指出不足及修改建议，对学生的学习表现进行评价，通过学生教学反馈总结教学的不足，制订工作改进计划</td></tr>
<tr><td rowspan="18">评价</td><td>评价类别</td><td>项目</td><td>子项目</td><td>个人评价</td><td>教师评价</td><td>组内互评</td></tr>
<tr><td rowspan="11">专业能力
(60%)</td><td rowspan="2">资讯
(15%)</td><td>搜集信息查找资料(5%)</td><td></td><td></td><td></td></tr>
<tr><td>引导问题回答(10%)</td><td></td><td></td><td></td></tr>
<tr><td rowspan="4">计划实施
(20%)</td><td>工作流程的正确性(2%)</td><td></td><td></td><td></td></tr>
<tr><td>方案设计科学性(3%)</td><td></td><td></td><td></td></tr>
<tr><td>实施操作正确性(10%)</td><td></td><td></td><td></td></tr>
<tr><td>知识的运用(5%)</td><td></td><td></td><td></td></tr>
<tr><td rowspan="2">检查
(5%)</td><td>全面性、准确性(3%)</td><td></td><td></td><td></td></tr>
<tr><td>异常情况排除(2%)</td><td></td><td></td><td></td></tr>
<tr><td rowspan="2">结果
(20%)</td><td>演示汇报(10%)</td><td></td><td></td><td></td></tr>
<tr><td>知识技能掌握(10%)</td><td></td><td></td><td></td></tr>
<tr><td rowspan="4">社会能力
(20%)</td><td rowspan="2">团结协作
(10%)</td><td>对小组的贡献(5%)</td><td></td><td></td><td></td></tr>
<tr><td>小组合作配合情况(5%)</td><td></td><td></td><td></td></tr>
<tr><td rowspan="2">敬业精神
(10%)</td><td>吃苦耐劳精神(5%)</td><td></td><td></td><td></td></tr>
<tr><td>学习纪律性(5%)</td><td></td><td></td><td></td></tr>
<tr><td rowspan="2">方法能力
(20%)</td><td>计划能力
(10%)</td><td></td><td></td><td></td><td></td></tr>
<tr><td>决策能力
(10%)</td><td></td><td></td><td></td><td></td></tr>
</table>

续表

	序号	检查项目	检查标准	学生自检	教师检查
检查	1	目标认知	工作目标明确，工作计划周密，具有可操作性		
	2	理论知识	基础理论知识的全面掌握		
	3	基本技能	能够运用基本的理论进行实践思考、分析、解决问题		
	4	学习能力	能在教师指导下，全面掌握相关知识和技能		
	5	工作态度	主动参与，积极完成工作任务		
	6	团队合作	积极与他人合作，共同完成任务		
	7	工具运用	熟练利用资料自学，利用网络进行资料查询		
	8	任务完成	保质保量完成任务		
教学反馈	我对学习本工作过程的意见或建议				
组长签字			组　别		
教师签字			日　期		

工作过程二　旅游服务的心理策略

【任务布置】>>>

学习情景四	旅游者的心理特征与服务技巧
工作过程二	旅游服务的心理策略
教师行为	1. 引导学生明确工作任务及资讯问题，对学生进行随机分组，组成本工作过程的学习小组。 2. 讲解旅游服务的特点，和旅游服务的策略，使学生明白旅游服务策略在工作中的重要性，并解答学生提问

续表

<table>
<tr><td>学生行为</td><td colspan="2">在教师引导下,明确学习任务及要求,分组学习知识链接,查阅资料和文献,找出资讯问题的答案,初步掌握学习内容,能够利用所学知识完成实训项目</td></tr>
<tr><td>工作任务</td><td colspan="2">了解旅游者在旅游活动中的心理状态,掌握旅游服务的心理策略</td></tr>
<tr><td rowspan="6">资讯</td><td rowspan="5">资讯问题</td><td>1.简述旅游服务的特点</td></tr>
<tr><td>2.简述旅游服务的策略有哪些</td></tr>
<tr><td>3.在旅游活动中出现的难题是什么</td></tr>
<tr><td>4.在服务过程中应该怎样应对客人的有意刁难</td></tr>
<tr><td>5.怎样兼顾个体与群体</td></tr>
<tr><td>资讯引导</td><td>以上资讯问题请查阅本书知识链接,同时参考以下书籍
1.《旅游心理》,人力资源和社会保障部教材办公室组织编写,中国劳动社会保障出版社,2008 年版。
2.《旅游服务心理素质与职业发展能力训练教程》,陈定樑著,浙江工商大学出版社,2011 年版。
3.《旅游心理服务与技巧》,人力资源和社会保障部教材办公室组织编写,中国劳动社会保障出版社,2008 年版。
4.《旅游心理学》,黄继元主编,重庆大学出版社,2003 年版。
5.《旅游心理学》,汪红烨,王立新,杜红梅主编,上海交通大学出版社,2011 年版</td></tr>
</table>

【知识链接】>>>

一、旅游服务的特点

作为服务类型的形式之一,旅游服务既具有服务的一般特性,又具有某些突出的个性特点。总体上,可以从宏观的旅游业和微观的单项旅游服务两个角度来分析旅游服务所具有的,有别于其他类型服务的特点。

(一)宏观特点

从整个旅游业的宏观角度来看,旅游服务具有综合性、多样性、要求高等特点。

1.综合性

旅游服务是众多旅游企业和单个旅游企业内部各个服务环节、过程和程序的综合体现,具有综合性的显著特点,主要体现在旅游服务行业和旅游服务环节两个方面。一方面,旅游服务是由众多行业服务组合成的综合体,它涉及到交通运输业、饭店业、旅行社业、文化娱乐业、商业等行业。例如,各种自然、人文旅游景点、设施主要由园林、文物、文化等部门提供;旅游者的迎送、导游、翻译、购物等服务主要由旅行社、商业部门提供。另一方面,旅游者的旅游活动过程复杂,旅游服务的环节众多。从潜在的游客开始,即需为他们提供旅游项目、旅游设施、旅游内容的咨询以及广告宣传信息方面的服务;当游客做出出游决定后,需根据他们的兴趣、爱好、时间、经济等实际情况,筹划旅游线路、时间及方式,办理签证、购买车船机票,预定房间、景区门票,准备有关资料等事宜以及迎接客人并送至饭店下榻;在旅游消费和享受过程中,需提供住宿和餐饮,陪同参观游览,进行翻译讲解,提供和销售各种旅游商品,提供各类夜间文化娱乐项目等;最后还有离别服务。可以看出,随着旅游活动的进行,旅游服务各环节环环相扣、步步相连。

2. 多样性

随着旅游业的发展和旅游者经验的增多,旅游活动越来越显示个性化,旅游产品种类越来越丰富,导致服务项目的日益多样化。在旅游活动的食、住、行、游、购、娱等多种活动中,每一种类的服务都可以分为许多类别和等级。以住宿服务为例,依据游客的住宿目的是满足休息、体验地方文化、享受舒适还是满足办公标准,可以选择一般招待所、大众旅社、“农家乐”、星级饭店、商务酒店等。

3. 要求高

前面已经介绍,旅游行业中情绪性服务所占比重较大,旅游心理服务常常比旅游功能服务更能满足旅游者的心理需要。因此,旅游业对旅游服务人员的职业素质和服务质量的要求较高。为客人提供满足其物质和精神需要的服务是旅游企业的最高准则,而旅游服务人员是旅游服务工作的主体,所以他们的职业素质是旅游企业发展的重要决定因素。这一特点对服务人员的文化素质、专业素质、心理素质、外在素质、身体素质和技术与习惯素质等都提出了较高的要求。

(二)微观特点

从旅游服务的具体过程或单项旅游服务来看,旅游服务所具有的有别于其他服务形式的特点有不稳定性、有利性、兼顾性等。

1. 不稳定性

因为服务是由“人”来实施和接受的,所以具有高度不稳定性。主要体现在两个方面:一个方面是易变性。由于不同的人或者同一个人在不同的时间里,所提供的服务不可能完全一样;不同的旅游者或者同一个旅游者在不同的时间里,会有不同的旅游服务心理需要;主客双方在交往过程中互相影响情绪造成的感觉和气氛也存在差异,导致旅游服务本身的差异性和易变性。另一个方面是主观性。由于每一个旅游服务人员和每一个客人在心理上的差异,客我双方在评价、看待和处理某些问题时会出现不一致的情况,尤其体现在对服务质量的评价上。旅游者对服务的要求比较重视感受,带有较大的个人主观色彩;服务人员也常会根据自己的经验和掌握的材料对某些问题做主观假设。当然,由于旅游服务本身不产生任何物质价值,旅游服务的宗旨和目的是使旅游服务的接受者——旅游者感到满意,所以,对于旅游服务价值的衡量具有根本上的主观性。

2. 有利性

旅游服务人员同客人的交往不同于与一般人的交往,旅游服务具有特殊的有利性,即绝大部分游客的消费动机是十分明确的。在提供服务之前或开始后,绝大部分游客的基本情况就可以掌握。如旅游者的姓名、年龄、性别、国籍、民族、职业、爱好等,旅游者的就餐、住宿、交通、游览等旅游活动以及前站的旅游活动情况都在服务人员的掌握之中。这些为服务人员与客人更好地交往,提供有针对性的服务提供了必要的参考资料及有利的条件。

3. 兼顾性

旅游服务主要面对的是个性心理特征不同、具有不同消费心理和消费行为的个体旅游者,在服务中应根据他们的个性消费特征和消费需要,提供有针对性的服务。然而旅游活动的复杂与特殊,常会使具有相同或相似社会阶层、文化背景、职业地位、经济条件等的人聚合在一起组成同质的旅游团体,在消费过程中表现出从众、模仿、暗示、对比、感染等消费特征。因此,旅游服务还应兼顾服务对象的共同性与差异性、群体性与个体性。

二、旅游服务的策略

本节将在对旅游服务中客我关系和客我交往的特点的认识基础上探讨旅游服务中的心理策略问题,包括情感化服务、个性化服务和诱导客人理智行为三个方面。

(一)情感化服务

旅游服务是满足旅游者需要的服务,而旅游者是一个个具有丰富感情色彩的人,他们有思想、有精神、有需要、有感情。优质的旅游服务要求除了为客人解决各种实际问题、提供标准化的服务外,更要提供情感化的富有"人情味"的服务,让客人得到心理上的满足。这就要求服务人员能理解、尊重客人,并善于运用语言技巧表现自己的服务热情和服务能力。

1. 功能服务和心理服务的概念

功能服务是指服务中具有一定客观标准的部分,它满足客人"实用性"和"享受性"的需求。在心理层次上,功能服务给人的感觉大多只能维持在"方便—不方便"这一程度上。因此仅靠功能服务是不可能创造出良好的评价气氛的。

心理服务是情绪性服务,包括态度、动作、表情、言谈等交往方式。对心理服务的评价是在"好—不好"的心理层次上进行的。

2. 功能服务和心理服务

①在功能服务上，客人对不同的旅游企业、旅游企业的不同部门会提出不同的要求，而在心理服务方面并不存在这样的区别。不管为客人提供哪一种功能服务，都应该为客人提供心理服务。

②心理服务不像功能服务那样受物质条件的制约。功能服务的质量往往要受到旅游企业所具备的种种物质条件的制约，而物质条件对心理服务的影响则很小。物质条件稍差的企业在为客人提供心理服务方面，完全可能超过物质条件较好的企业，物质条件并不能自然而然地显得更有人情味。

③功能服务取决于员工是否具有娴熟的专业技能和扎实的专业知识，心理服务则对员工的职业道德和心理素质提出了更高的要求。心理服务的质量主要取决于服务人员是否具有爱心、满腔热忱、善解人意和具有一定的表现能力。

（二）富有人情味的服务

1. 理解、尊重客人

人都有自尊心，大多数人还有变态的自尊心——虚荣心。客我交往中最敏感的问题也是与客人的自尊心有关的问题，旅游者对尊重的要求是非常强烈、非常敏感的。因此，服务人员在为客人提供服务时，不仅要能够保护客人的自尊心，还应以恰当的方式发扬其长，隐藏其短，增加客人的自豪感，让客人得到心理上最大的满足。服务人员对客人的尊重体现在方方面面。

尊重客人，首先要做到态度谦恭。谦恭是一种良好的行为方式，是指对客人的感受非常灵敏，避免言行上的任何不必要的冒犯。比如，当服务人员没有听懂客人的问话时，不要简单地问："你说什么？"而应这样问："请原谅，您能重复一遍吗？"或者："请您再说一遍，行吗？"

尊重客人，就要在任何细微之处都礼貌待客。服务人员不仅要在道理上懂得尊重客人，更要善于通过言行和各个服务环节在细微之处体现对客人的尊重。又如，客人在商场购物，由于服务人员一时忙不过来，不能立即为他服务，就要先向他打个招呼。尽管对客人来说，有这句话是等，没这句话也是等，但是有了这句话就表现出服务人员对客人的尊重，具有"安定人心"的作用，反之就会使人产生被轻视、冷落的感觉。

尊重客人，就不能要求客人"入乡随俗"。服务人员应熟悉客人的风俗习惯、宗教信仰等，避免因为不了解客人的喜好和忌讳而莫名其妙地得罪客人。

尊重客人，还要善于扬客人之长，隐客人之短。所谓的长处和短处，包括相貌、衣着、言谈举止、知识经验和身份地位等。"扬"客人之"长"包括赞扬客人的长处和提供一个机会让客人表现他的长处，但是也要避免为了扬某些客人之长而伤害其他客人。"隐"客人之"短"，要体贴入微地、不露痕迹地、十分自然地去做，一方面是绝不能对客人的短处感兴趣甚至嘲笑他的短处,另一方面是应在众人面前保护客人的"脸面",在客人可能陷入窘境或已经陷入窘境时,帮助客人"巧渡难关"。

最后,尊重客人,这意味着不能触犯客人的虚荣心。虽然虚荣心是变态的自尊心,过分的虚荣并不好,但是在客我特定的角色关系中,服务人员没有"教育客人"的权利和义务,所以还是不要去触犯某些客人的虚荣心为好。比如,当客人以冠冕堂皇的话说自己"不喜欢……""不愿意……"时,很可能是在掩饰内心的欲望,服务人员要能"一眼看穿"却不"说穿",如果再巧妙地用"这个项目更有利于您的身体","这款商品更符合您的气质"之类的话为客人解脱,客人会更感激你保住了他的面子。

2. 重视语言的魅力

语言是表达一个人的情感及思想的手段和工具。充满"人情味"的旅游服务,是一门艺术。旅游服务人员应掌握语言艺术,以语言的魅力来感动、吸引客人。旅游服务语言主要有有声语言和无声语言两种形式。

(1)有声语言:讲究说话的艺术

有声语言是指通过人的发音器官发出某种声音,用以表达自己的思想和情感。有声语言包含了用语和声调两个因素。客人不仅希望旅游服务人员常用礼貌用语,还要求服务人员在声调上能够做到恰到好处。声调的变化往往比用词更加重要。有时"非常抱歉"可能让客人误解为"我对你表示同情,可是我也无能为力",而"谢谢"可能被认为是一种讥讽。由于语调的不同,任何言辞都可能产生正面或负面的效应。例如,旅游者进店时,希望服务人员在说"您好""请进"时,声调响亮而有朝气,以示对旅游者的热烈欢迎。如果声调太小太低,旅游者会误认为服务人员态度傲慢,如果声调过大过高,会让人觉得过于做作。说话在塑造良好的客我关系中是极其重要的。

从旅游者的心理需要出发,为了充分体现旅游服务的"人情味",旅游服务人员必须讲究说话的艺术,主要应注意以下几点。

①恭敬和谦让。这反映了服务人员的服务态度。服务人员在客我交往中要做到不抢话,不轻易插话,使用文明礼貌用语等。常用的礼貌用语有"我能为您效劳吗?""谢谢!""非常抱歉!"这三句话包含着一种对别人的关心和尊重,表现了谦恭的态度。"请"字如果用得诚恳并且带有郑重的含义能够产生很大的魅力。

②迎合和委婉。出门在外的旅游者会异常敏感,都不愿意听"逆耳"的话,所以,旅游服务人员应迎合客人的这种心理需要,尽可能地顺着客人说,或者委婉地说。一般情况下,用肯定的语气说话比用否定的语气说话会使人感觉更柔和一些,在客我交往中,特别是在表达否定意见时,要尽可能使用那些"柔性"的,让客人听起来觉得"顺耳"的,而不是"刚性"的,让客人听起来"逆耳"的话语。比如,当服务人员要对客人提出某种要求时,最好用肯定的说法,如"请您……",而不要用否定的说法,如"请不要……"。在旅游

服务中,有时客人说的话并不能被接受,这时可以用“平行陈述法”来陈述与对方不同的意见和主张,既不与对方争论,更不攻击对方,先肯定对方,然后陈述自己的意见和主张。如:“我知道您很生气,换作我也会生气的。可是现在情况这么紧急,我们还得赶紧想个补救的办法。”

③道歉和致谢。旅游服务中的道歉与日常生活中的道歉有所不同。服务人员并不一定是在自己有过失时才向客人道歉。比如:“很抱歉,客房已经满了。”旅游服务中的感谢主要用于客人的惠顾和关照。因为客人的到来为我们带来了财源,所以应对客人心存感激。

④理解和安慰。“在家千日好,出门一日难”。旅游者在外旅游感到紧张、失望、无助时,特别需要服务人员的安慰和理解。这时员工如果能够设身处地说些安慰的话,就会使客人感到莫大的欣慰。

⑤赞美和祝愿。赞美是人们普遍需要的一种心理服务,是赢得对方好感最简单的方法。旅游服务人员要使客人高兴,就要多讲赞扬和祝愿的话。当然,赞美要真实、具体、有分寸,否则虚假的、夸张的“奉承”会使客人很反感。

(2)无声语言:善于运用体态语言

无声语言也称体态语言,指通过人体某部位形态的变化来传递信息、表达情感。体态语言常常对人们的言辞表达起到加强、弥补、解释甚至替代等辅助作用。旅游服务人员在客我交往中不仅要善于运用“有声语言”,还要善于运用“无声语言”,做到两种语言互相补充、配合得当。常用的体态语言有表情、手势、姿势和动作等。

①表情语。表情语即人的面部情态。人的表情十分复杂,能表现喜、怒、哀、乐等思想感情。行为分析表明,表情属于第一印象,在人际交往所给人的各种刺激中,表情占有相当大的比重。现代心理学家在一系列实验基础上得到一个公式:感情的表达 =7%的书面语言 +38%的音调 +55%的面部表情。可见面部表情在人们的交往中占有非常重要的地位。旅游服务人员一上岗,就要有“角色意识”,表情如何就不应再受个人情绪的影响。提供服务时,服务人员在言辞表达的同时,要与表情相配合,并根据客人的情绪变化,随时进行调整,使客人的听觉和视觉同时受到刺激,迅速产生共鸣,从而使服务语言产生强大的艺术感染力,达到最佳表达效果。旅游服务中常用的表情语是眼神和微笑。

眼神。眼睛是“心灵的窗户”,能如实地反映人的内心思想感情和思维活动。眼神接触是一种有效的沟通方式,当服务人员与客人交谈时,注视着对方的眼睛,就意味着是在集中精力倾听客人的说话,表示对客人的尊重。一般来说,旅游服务人员的注视行为应采取“社交注视”,即注视的位置以对方双眼为底线、唇心为顶角的倒三角形区域内。这种注视令人感到舒服、有礼貌,可以营造一种和缓的社交气氛。服务人员开始与客人说话后就应该面向客人并且正视客人,但注视时间不能过长,否则会令人感到不自在,感到受到侵犯;但也不能时间过短,甚至不看对方,使人感到冷漠,或是表示服务人员自卑、紧张。总之,旅游服务人员的眼神应传达出热情、友好、尊重、诚恳的信息,并注视客人的眼睛,以便从中获知其真实的感受。

微笑。微笑是人内心喜悦情感的自然外露。微笑是旅游服务程序的灵魂的十把金钥匙之一,是世界各国客人都能理解和欢迎的世界语言。微笑具有丰富的内涵和巨大的作用,是自信的表现,是礼貌的表示,是情感沟通的"桥梁",是真诚、热情、友好、尊敬、赞美、谅解等的象征。微笑能够迅速缩小彼此间的心理距离,创造出和谐、融洽、互尊、互爱的良好氛围,在交流和沟通中起着润滑剂的作用。微笑有助于树立良好形象,获得良好的经济效益和社会效益,促进企业成功和发展。世界上规模最大的旅游饭店集团之一的希尔顿酒店集团的成功秘诀中最重要的一条就是其服务人员"微笑的影响力"。"希尔顿的微笑"不仅挽救了经济大萧条大危机时代的希尔顿饭店,而且造就了今天遍及世界五大洲、近百家的五星级希尔顿饭店集团。微笑服务是满足旅游者精神需求的重要方式,能产生巨大的心理效应,在客我交往中意义重大。当服务人员和颜悦色、满面春风对客人笑脸相迎的时候,微笑就向客人传递了"我们对您表示欢迎,我们愿意为您效劳"的信息。微笑还可以消除旅游者初到异地的陌生感、紧张感及疲劳感,从而使旅游者在心理上产生亲近感、安全感和愉悦感。真诚的、热情的、发自内心的微笑最能使客人觉得和蔼可亲,是赢得客人满意的最有效的手段。

②手势语。手势语是通过手和手指活动所传递的信息,是最原始、最基本、最常见而且最富表现力的一种体态语言。在旅游服务中,规范、恰当、适度的手势,不仅有助于表情达意,还能给人一种优雅、含蓄、礼貌、有教养的感觉。旅游服务中,服务人员在与客人交谈时,若过于单调地重复某一手势,或不断地做手势,或随便乱做手势,会影响客人对服务人员说话内容的理解。不同的国家、地区或民族因为文化背景和风俗习惯等的不同,手势的含义也有不同。旅游服务人员在与客人交往时,应了解并懂得他们的手势语,以免造成误解和不快。

③姿势和动作。姿势是指身体呈现的样子,动作是指身体的活动。服务人员的姿势和动作常常表示出他是否友善、可信、细心和灵活。站得直立,坐得端正,走路抬头挺胸,都使人显得精神饱满,充满信心;动作无精打采,则表明精神消沉。适度运用肢体动作可以弥补言语的不足,但也不能过于夸张。另外,在为客人服务的时候,无论什么理由也不允许跑步,不能交头接耳、窃窃私语,不能随意做小动作,不能用手指点客人。

三、个性化服务

个性化服务也可以理解为特色服务,它是用超出常规的方式满足宾客偶然、个别、特殊的需要。个性服务源于却又高于规范化、程序化、标准化的服务,它更多地体现于精心、细心、微小、细微的服务。只有个性化的服务才能达到甚至超过客人的期待,真正赢得客人的满意。

(一)服务的必要因素和魅力因素

美国管理心理学家赫茨伯格运用"双因素论"来分析客人对服务的心态和评价。

他指出,服务有两类因素:一类是"避免不满意"的因素,称为服务的必要因素;另一类是"赢得满意"的因素,称为服务的魅力因素。客人对服务工作的评价有以下几种情况:

缺乏必要因素——不满意;

具备必要因素——避免不满意;

具备必要因素,缺乏魅力因素——不能说不满意,也不能说满意;

既有必要因素,又有魅力因素——满意。

由此可见,"必要因素"是服务中"少了它就不行"的因素,"魅力因素"是"有了它才更好"的因素。就旅游服务而言,必要因素是指规范化、标准化、程序化的服务。规范化的服务使客人感到"一视同仁、平等待客",不会有"吃亏"的感觉;魅力因素是个性化、针对化和情感化的服务,针对性的服务才能使客人觉得这是"服务人员专门为我提供的服务",因而会产生被"优待"的感觉。

按照服务的"双因素"理论,就心理服务来说,服务人员既要对客人做到"一视同仁",又能体现出"特别关照"。"一视同仁"的服务要求是坚持尊重每一位客人,决不随意"偷工减料",提供标准化的服务。仅仅做到"一视同仁"虽能够避免客人不满意,却还不足以赢得客人的满意;服务人员只有做到对每一位客人提供"针对个人""突出个人"的服务,使客人产生"受优待"和得到"特别关照"的感觉,才能使客人感到特别满意。因此,旅游心理服务的魅力因素就是对客人的"特别关照"。那么如何体现对客人的特别关照呢?可以采用以下"针对个人"的服务的做法。

(二)"针对个人"的服务

要提供"针对个人"的服务,最简单易行的办法就是称呼客人的名字。大多数客人都喜欢服务人员能够称呼自己的名字,因为当人们听到别人尊敬地称呼自己的名字时会感到亲切、受尊重和被突出。服务人员应避免拼错客人的名字,否则会被认为是粗心和不礼貌。服务人员如果能在与客人接触一两次后就能准确地叫出客人的名字,就能使客人感到自己很重要并有一种"宾至如归"的感觉。在此基础上,对客人的"特别关照",主要体现在能够为每一位客人提供"超"乎寻常的服务。

1. 超常服务

旅游服务人员应针对每一位客人的特殊需要,在不违背原则的前提下,满足客人"超常服务"的要求。客人的特殊需要有时是主动提出或者暗示性的,这是服务人员提供针对服务的好时机，满足了这些要求，就会赢得客人的满意。以下是一典型的案例。有一次，金陵饭店某客房服务员在为一个外国客人做夜床时，发现鞋篓里面有一双沾满泥土的脏皮鞋，他就用湿布将鞋擦干净并打上鞋油放回原处。以后连续几天，那位客人都把脏皮鞋放在鞋篓里，这位服务员也不厌其烦地为他把鞋擦净擦亮，而且拒绝了客人的小费。这位客人非常感动和钦佩，一再要求总经理表扬那位服务员。“超常服务”若是由服务人员主动提供的，将会极大地感动客人，从而赢得满意的评价。在很多情况下，客人本人并没有提出特殊要求，但他有这方面需要，这就需要服务人员用心发现，然后提供特别关照。还有就是遇到某些特殊情况，如特殊的客人（活泼好动的小孩子、年高体弱的老年人、残疾人等），赶上客人的“好日子”（生日、结婚纪念日等）或者客人遇到麻烦（如丢失钱物、生病、受伤等）时，也都是服务人员提供无微不至的特别关照的良机。

2. 超前服务

超前服务即主动服务，就是服务于客人提出要求之前。服务人员应该“心里想着客人，眼里看着客人”，“时刻准备着”为客人提供服务。事前考虑周到，能预测将会发生的情况，制定较周到的行动方案，可避免服务的简单化和机械化。优秀的服务员往往在客人尚未发出“请为我提供服务”的信号时，就能察言观色到客人的需要。主动服务能体现对客人由衷的尊敬，会让客人备感亲切、自豪，使服务更具有人情味。一次，一位来自美国的女士下榻于巴黎希尔顿饭店，她刚一抵达饭店就因事出门了。这位女士身上穿的、头上戴的全是醒目的红色。细心的饭店经理立刻觉察到了这位客人对红色的偏爱，在女士出门后，他立刻命令服务员重新布置房间。女士回来后发现整个房间的地毯、壁毯、灯罩、床罩、沙发、窗帘全换成协调而富于变化的大红色，顿时欣喜万分。离开饭店时她一再表示谢意并表明今后将把希尔顿饭店作为在巴黎的首选下榻处。事实证明，在细节、细微之处提供的主动服务，常常能收到事半功倍的良好效果。具有了超前意识，就能在服务项目、服务技术上迎合客人心理，科学合理地把握服务时间、服务时机，就能预测在客人到来前和到来后直至离开的全过程有哪些服务需要，做好每一环节的工作。

四、诱导客人理智行为

情感化服务和个性化服务心理策略的出发点都是积极主动地去“迎合”客人的需要。作为服务人员，在坚持“客人永远是对的”的待客之道前提下，也可以“不着痕迹”地积极引导客人采取自己所期待的行为。

“诱导”是指在人际交往中，善于从别人可能采取的行为中诱导出自己所期待的行为。在人际交往中，对方的行为并非与己无关。因为对方的行为一方面是为了满足他自己的需要而进行的“操作”，另一方面也是针对服务人员的行为而做出的“反应”。如果服务人员采取不同的行为，给予不同的“刺激”，他就可能做出不同的“反应”。在旅游服务中,所谓的“诱导”,是一种把客人的需要变成服务方便于接待的形式而进行的工作,也可以说是旅游企业方面为了请客人采用它已准备好所提供的服务而进行的活动。服务人员既不能去选择交往的对象,也无法去改变他的个性,但这不等于无法改变“他的行为”。客人的行为不仅与他本人的个性有关,而且也与服务人员如何对待他有关。因此,旅游服务人员可以调整自己的行为去影响客人的行为,诱导出服务人员所期待的行为。

前面已经介绍,人际交往中交往主体的三种心理状态和五种行为方式可能同时并存。每个人都既是“讲理”的又是“不讲理”的。当客人表现出“威严型行为”时,他只希望别人服从他,而不会让别人“讲理”;当他表现出“顺从型行为”时,他只希望别人迁就他,也不想同别人“讲理”。所以,在客我交往中,客人关切的“慈爱型行为”常常需要用驯服的“顺从型”去诱导,而以反叛为特征的“任性型行为”多半只能诱导出以训导为特征的“威严型行为”。同样,要客人表现出“顺从型行为”,需要用关切的“慈爱型行为”去诱导,如果用训导的“威严型行为”去“压制”客人,换来的只会是客人用反叛的“任性型行为”做出“抵制”的反应。总之,旅游服务人员在客我交往中,首先要避免从对方可能采取的各种行为中诱导出并非自己所期待的行为,更要有意识地从对方可能采取的各种行为中诱导出自己所期待的行为。诱导的重点是不强制人们去做,而是促使人们自发地选择。如果服务人员能体贴、谅解客人,赢得客人的信任,客人就会表现出顺从的行为,乐于接受服务人员的安排,甚至还可能表现出慈爱的家长行为,原谅员工的某些行为过失。

【计划、决策与实施】

学习情景四	旅游者的心理特征与服务技巧
工作过程二	旅游服务的心理策略
学生行为	进行成员任务分配,制订工作计划,讨论计划的科学合理性,完善计划并做出最终决策;通过查阅互联网、相关书籍或知识链接资料,搜集旅游服务的心理策略的资料并实施决策,意识到在旅游服务中个体与群体兼顾的重要性,进行总结
教师行为	督导学生分组讨论,审核工作计划,提出修改建议,引导学生做出正确的决策,对学生的具体分析和完成各项任务进行答疑与督导,并观察学生的表现

续表

	序号	实施步骤	操作要领	参考资料详细地址
计划、决策与实施	1			
	2			
	3			
	4			
	5			
	6			
	7			
	8			
	9			
	10			
组长签字			组　别	
教师签字			日　期	

【评价、检查与反馈】

学习情景四	旅游者的心理特征与服务技巧
工作过程二	旅游服务的心理策略
学生行为	1. 对旅游服务的心理策略工作任务完成情况进行自我检查和反思，填写检查表。 2. 能利用所学的理论知识完成实训项目，总结学习中的收获与体会，进行自我评价，并对本小组的成员表现进行逐一评价，填写评价单和学习反馈单
教师行为	听取学生成果汇报，检查学生学习任务完成情况，并指出不足及修改建议，对学生的学习表现进行评价，通过学生教学反馈总结教学的不足，制订工作改进计划

续表

	评价类别	项目	子项目	个人评价	教师评价	组内互评
评价	专业能力（60%）	资 讯（15%）	搜集信息查找资料(5%)			
			引导问题回答(10%)			
		计划实施（20%）	工作流程的正确性(2%)			
			方案设计科学性(3%)			
			实施操作正确性(10%)			
			知识的运用(5%)			
		检查（5%）	全面性、准确性(3%)			
			异常情况排除(2%)			
		结果（20%）	演示汇报(10%)			
			知识技能掌握(10%)			
	社会能力（20%）	团结协作（10%）	对小组的贡献(5%)			
			小组合作配合情况(5%)			
		敬业精神（10%）	吃苦耐劳精神(5%)			
			学习纪律性(5%)			
	方法能力（20%）	计划能力（10%）				
		决策能力（10%）				

	序号	检查项目	检查标准	学生自检	教师检查
检查	1	目标认知	工作目标明确，工作计划周密，具有可操作性		
	2	理论知识	基础理论知识的全面掌握		
	3	基本技能	能够运用基本的理论进行实践思考、分析、解决问题		
	4	学习能力	能在教师指导下，全面掌握相关知识和技能		
	5	工作态度	主动参与，积极完成工作任务		
	6	团队合作	积极与他人合作，共同完成任务		
	7	工具运用	熟练利用资料自学，利用网络进行资料查询		
	8	任务完成	保质保量完成任务		

续表

教学反馈	我对学习本工作过程的意见或建议		
组长签字		组　别	
教师签字		日　期	

工作过程三　游客投诉的心理及处理技巧

【任务布置】>>>

<table>
<tr><td>学习情景四</td><td colspan="2">旅游者的心理特征与服务技巧</td></tr>
<tr><td>工作过程三</td><td colspan="2">游客投诉的心理及处理技巧</td></tr>
<tr><td>教师行为</td><td colspan="2">1. 引导学生明确工作任务及资讯问题,对学生进行随机分组,组成本工作过程的学习小组。
2. 讲解引起游客投诉的原因,使学生明白积极、妥善解决游客投诉在旅游服务中的重要性,引导学生能够运用科学的方法化解游客的投诉,并解答学生提问</td></tr>
<tr><td>学生行为</td><td colspan="2">在教师引导下,明确学习任务及要求,分组学习知识链接,查阅资料和文献,找出资讯问题的答案,初步掌握学习内容,能够利用所学知识完成实训项目</td></tr>
<tr><td>工作任务</td><td colspan="2">了解引起游客投诉的因素有哪些,掌握处理游客投诉的基本技巧,以及化解旅游投诉心理问题的方法和原则</td></tr>
<tr><td rowspan="5">资讯</td><td rowspan="4">资讯问题</td><td>1. 哪些原因会引发游客的不满</td></tr>
<tr><td>2. 作为旅游服务人员,能完全避免被投诉吗</td></tr>
<tr><td>3. 旅游者投诉的心理状态是怎样的</td></tr>
<tr><td>4. 如果游客投诉,我们应该怎样处理</td></tr>
<tr><td>资讯引导</td><td>以上资讯问题请查阅本书知识链接,同时参考以下书籍
1.《旅游心理》,人力资源和社会保障部教材办公室组织编写,中国劳动社会保障出版社,2008 年版。
2.《旅游服务心理素质与职业发展能力训练教程》,陈定樑著,浙江工商大学出版社,2011 年版。
3.《旅游心理服务与技巧》,人力资源和社会保障部教材办公室组织编写,中国劳动社会保障出版社,2008 年版。
4.《旅游心理学》,黄继元主编,重庆大学出版社,2003 年版。
5.《旅游心理学》,汪红烨,王立新,杜红梅主编,上海交通大学出版社,2011 年版</td></tr>
</table>

【知识链接】>>>

一、旅游者投诉心理

在旅游服务过程中出现偏差是不可避免的，旅游者的投诉是我们搞好旅游工作、弥补工作中的漏洞，提高管理和服务水平的一个重要促进因素。同时，通过解决旅游投诉消除投诉者的不良情绪，达到为旅游者构造美好经历的目的。

（一）引起投诉的原因

客人的投诉是指客人主观上认为由于旅游服务工作上的差错，损害了他们的利益，而向有关人员和部门进行反映或要求给予处理。投诉是不可避免的，尽管旅游工作者不希望出现这种情况。客人的投诉既可能是旅游服务工作中确实出了问题，也可能是由于旅游者的误解。旅游投诉具有两重性，一方面会影响旅游企业的声誉，另一方面，如果从积极方面考虑，投诉也是商机，能使旅游企业从投诉中发现自身的问题。引起客人投诉的原因是多方面的，有主观的原因，也有客观的原因。

1. 主观原因

引起投诉的一个主要原因是不尊重客人。客人如果受到服务员的轻慢就会反感、恼火并可能直接导致投诉。如待客不主动、不热情，说话没有修养、粗俗、冲撞客人甚至羞辱客人，无根据乱怀疑客人拿了饭店的物品，在客人休息时大声喧哗，不尊重客人的风俗习惯，未经允许就进入客人房间等，这些都是不尊重客人，都可能引起客人的投诉。工作不负责任是客人投诉的另一个原因。主要表现为：工作不主动，对客人的要求视而不见；没有完成客人交代的事情；损坏或遗失客人物品；清洁卫生工作马马虎虎；食品用具不干净，等等。

2. 客观原因

客观原因如房间设施损坏后未能及时修理。例如，房间里的空调坏了或噪音太大；抽水马桶不好使；房间里的灯具出故障；餐厅椅子摔人；电梯关人或拒载。除了以上分析的原因以外，还有服务收费不合理，结账时多收了客人的钱，这些都可能导致客人的投诉。

（二）投诉心理表现

客人在投诉时的心理表现主要有：

1. 求尊重的心理

前面谈到，引起客人投诉的一个最重要的原因就是不尊重客人，客人由于受到怠慢就可能引起投诉。投诉的目的就是为了找回尊严，因为尊重是人们的一种很重要的需要。客人在采取了投诉行动之后，都希望别人认为他的投诉是对的，是有道理的，他们希望得到同情、尊重,并希望有关人员、有关部门重视他们的意见,向他们表示歉意,并立即采取相应的处理措施。

2. 求平衡的心理

客人在碰到令他们感到烦恼的事之后,感到心理不平衡,觉得窝火,认为自己受到了不公正的待遇。因此,他们可能就会找到有关部门,利用投诉的方式把心里的怨气发泄出来,以求得心理上的平衡。俗话说:“水不平则流,人不平则语”,这是正常人寻求心理平衡、保持心理健康的正常方式。而客人之所以投诉,还源于客人对人的主体性和社会角色的认知。旅游者花钱是为了寻求愉快美好的经历,如果他得到的是不公平,是烦恼,这种强烈的反差会促使他选择投诉来找回他作为旅游者的权利。

3. 求补偿的心理

在旅游服务过程中,如果由于旅游工作者的职务性行为或旅游企业未能履行合同,给旅游者造成物质上的损失或精神上的伤害,他们就可能利用投诉的方式来要求有关部门给予物质上的补偿,这也是一种正常的、普遍的心理现象。比如,未履行合同就得尽快退钱,损坏了东西就应立刻修理好,弄丢了物品就得进行赔偿。由于职务性行为所带来的某些精神伤害,在法律上旅游者也有权利要求物质赔偿。

小思考

客人对饭店服务不满,要求房价打折,怎么办?

答:首先向客人道歉,了解原因,并通知有关部门给以解决。如果是潜在的回头客或是饭店的重要客人,应按照权限给予折扣。最后要将客人的意见报知总经理和有关部门。

二、投诉服务策略

对待客人的投诉要妥善处理,一般可以采取以下策略:

(一)耐心倾听,弄清真相

客人来投诉时,一般要由领导出面接待,接待时要有礼貌。要耐心地听客人把话说完,客人可能说得比较多,言辞也可能很激烈,这是正常的,因为他的心里痛苦、愤怒。作为受理投诉的人员,一定要耐心、宽容地倾听客人的诉说,不能轻易打断,也不要急于解释、辩解,更不能反驳。否则,可能会激怒客人。要对客人表示同情、理解,要设法使客人情绪放松,并平静下来。关键还是要设法弄清真相,了解事情发生的原委及客人的要求。

(二)区别不同情况,采取恰当方式处理

如果弄清客人的投诉是由于工作人员的差错给客人带来的麻烦,就要诚恳地给客人道歉,并以企业代表的身份对客人的投诉表示欢迎。一般作为道歉的人应该是企业的重

要领导,以此表示诚意,使客人感到他们的投诉得到了重视,满足其自尊心。如果发现是由于客人的误会而来投诉,首先对客人的投诉也要表示诚恳的欢迎,然后再解释,消除误解。决不能发现自己没有错误,就趾高气扬地指责客人。如果发现由于工作人员的差错或未履行合同而给客人造成物质损失或严重的精神伤害,首先要道歉,在权限允许范围内,征求客人的意见,并做出补偿性的处理。如果超越了自己的权限,不能马上解决,也要给客人订立一个答复的程序和日期。如果问题比较复杂,一时弄不清真相,不要急于表达处理意见,要先在感情上给客人以同情、慰藉,记录一下客人的情况,给客人订立解决问题的程序和日期,而且一定要履行承诺。

处理客人投诉的五十条建议

法国菲利普·布洛克在其所著的《西方企业的服务革命》一书中提出了处理客人投诉的五十条建议,复录如下,以飨读者。

①对待任何一个新接触的人和对待客人一个样。

②没有无关紧要的接触和不重要的客人。

③投诉不总是容易辨认清楚的。

④没有可以忽视的投诉。

⑤一份投诉是一次机遇。

⑥发牢骚的客人并不是在打扰我们,他在行使他的最高权力。

⑦处理投诉的人一定被认为是企业中最重要的人。

⑧迅速判明投诉的实质。

⑨用关键词限定投诉内容。

⑩每当无理投诉出现高峰时,应当设法查明原因。

⑪在采取纠正行动之前,应立即对每份投诉作礼节性的答复。

⑫要为客人投诉提供方便。

⑬使用提问调查表以方便对话。

⑭组织并检查答复投诉后的善后安排。

⑮接待不满的客人时,要称他的姓,握他的手。

⑯处理投诉应因人制宜。

⑰请保持轻松、友好和自信。

⑱让客人说话。

⑲要作记录,可能时使用一份印制的表格。

⑳告诉客人他的问题由你负责处理,并切实去办理。

㉑要答应采取行动,还要设法使人相信你的许诺。

㉒要证明投诉登记在案后,你即开始行动。

㉓告诉客人他的投诉是特殊的。

㉔不谈与客人无关的私事。

㉕防止露出羡慕、烦躁或偏执等情绪。

㉖既要让人说话,又要善于收场。

㉗学会有效地发挥电话的功用。

㉘要像对待你的老主顾那样,对待不是你的客人的人。

㉙决不要在地位高的客人和棘手的问题面前胆怯。

㉚要核实别人向你传递的消息。

㉛要让别人听你的话,但扯着嗓门叫喊是徒劳的。

㉜复述事实莫带偏见。

㉝切记轻率地作出判断。

㉞想一想有否立即答复的可能,问一问客人希望你做些什么。

㉟别急于在电话中商讨解决问题的方案。

㊱请留下您向客人所做的任何诺言或保证的书面记录。

㊲如您当场爱莫能助,不妨先宽宽他的心。

㊳在对话时,对方未说完之前,切莫打断。

㊴一旦对话完毕,立即采取行动。

㊵写一份意见书,投给你作为顾客的某个企业。试探一下别人对待你的方式。

㊶千万别对客人说:"您应该……"

㊷凡是收到和寄出的一切都得签注日期。

㊸要结识那些多次不满的客人。

㊹除非万不得已,不用电话答复书信。

㊺尽快索取你可能需要的补充信息。

㊻若情况允许,就用幽默致歉。

㊼受过你服务的客人,可能成为你的朋友。

㊽总是由客人说了算。

㊾用典型模式提高速度。

㊿时刻为客人着想,为客人工作,如同你是客人一样。

案例分析

"指鹿为马"

北京梅地亚宾馆粤菜餐厅,一大公司经理宴请客人,服务员小孔给客人上花雕酒。

她先给这位经理酒杯中放一颗话梅，不料这位经理伸手挡住酒杯说："小姐，您的操作方法不对，喝话梅泡的黄酒，应该先倒酒，后放话梅。"小孔一愣，明知客人的说法不对，但还是按照客人的说法做了。上的第一道菜是滑炒虾仁，这位经理尝了一口，眉头一皱说："这虾仁味道太淡了。"小孔说道："是吗?"，"哦，这样吧，我马上拿到厨房去请师傅加工一下。"小孔向餐厅经理汇报了此事，餐厅经理和厨师长品尝后认为咸淡合适。经理联系前后发生的事，还是决定尽量满足客人的要求，妥善处理好此事，遂让厨师长放了点盐回炒了一下，然后让小孔把菜重新端回餐桌，并对这位经理说："先生，对不起，刚才确实淡了点，现在加盐了，请品尝。"这位经理尝了一口，笑着点头说："这还差不多。"

小孔松了一口气。过了一会儿，最高档的菜——鱼翅上来了，这位经理照例邀大家趁热品尝，他刚尝了一口，果然又"发难"了，对小孔说："这鱼翅有问题。"小孔大吃一惊，这时早在远处留心观察的餐厅经理马上走了过来，和气地说："我是餐厅经理，欢迎您对这道鱼翅多提宝贵意见。"这位经理一口咬定鱼翅有问题，餐厅经理毫不犹豫地说道："那就取消。""取消"就是白送，这时在座的客人有些看不下去了，纷纷劝解。这位经理一点也没想到店方会主动提出取消，在众人的劝说下也觉得过意不去，便说："取消就不必了。"餐厅经理见形势缓和下来了，就退一步说："那就打8折。"这时，这位经理颇有点不好意思，又显得洋洋得意。从此，这位经理和他的公司属员便成了梅地亚宾馆的常客。

分析提示

"客人是上帝""客人总是对的"，说起来容易，做起来难。无论客人的意见对还是错，即使客人指鹿为马，店方也要把"对"和"赢"留给客人，给客人面子，让客人满足。主动退让，虽然蒙受眼前的损失，但能"取悦于人"，取信于人，给人以通情达理、顾全大局，真正把客人放在第一位的好印象。客人真正感受到：你是开店的，你知道自己的角色。不要把客人变成失败者，这是服务业的信条。要知道：每次当我们得意地宣称自己战胜了消费者时，我们都将会遭到"上帝"更大的报复。双赢是服务业的唯一最佳，任何一方的失败，结果只能是两败俱伤。

【计划、决策与实施】>>>

学习情景四	旅游者的心理特征与服务技巧
工作过程三	游客投诉的心理及处理技巧
学生行为	进行成员任务分配，制订工作计划，讨论计划的科学合理性，完善计划并做出最终决策；通过查阅互联网、相关书籍或知识链接资料，搜集游客投诉的资料等实施决策，深入认识处理游客投诉的现实性意义，意识到积极有效地处理游客投诉的重要性，进行总结

续表

<table>
<tr><td>教师行为</td><td colspan="5">督导学生分组讨论，审核工作计划，提出修改建议，引导学生做出正确的决策，对学生的具体分析和完成各项任务进行答疑与督导，并观察学生的表现</td></tr>
<tr><td rowspan="11">计划、决策与实施</td><td>序号</td><td colspan="2">实施步骤</td><td>操作要领</td><td>参考资料详细地址</td></tr>
<tr><td>1</td><td colspan="2"></td><td></td><td></td></tr>
<tr><td>2</td><td colspan="2"></td><td></td><td></td></tr>
<tr><td>3</td><td colspan="2"></td><td></td><td></td></tr>
<tr><td>4</td><td colspan="2"></td><td></td><td></td></tr>
<tr><td>5</td><td colspan="2"></td><td></td><td></td></tr>
<tr><td>6</td><td colspan="2"></td><td></td><td></td></tr>
<tr><td>7</td><td colspan="2"></td><td></td><td></td></tr>
<tr><td>8</td><td colspan="2"></td><td></td><td></td></tr>
<tr><td>9</td><td colspan="2"></td><td></td><td></td></tr>
<tr><td>10</td><td colspan="2"></td><td></td><td></td></tr>
<tr><td>组长签字</td><td colspan="2"></td><td colspan="3">组　　别</td></tr>
<tr><td>教师签字</td><td colspan="2"></td><td colspan="3">日　　期</td></tr>
</table>

【评价、检查与反馈】>>>

学习情景四	旅游者的心理特征与服务技巧
工作过程三	游客投诉的心理及处理技巧
学生行为	1. 对游客投诉的心理及处理技巧工作任务完成情况进行自我检查和反思，填写检查表。 2. 能利用所学的理论知识完成实训项目，总结学习中的收获与体会，进行自我评价，并对本小组的成员表现进行逐一评价，填写评价单和学习反馈单
教师行为	听取学生成果汇报，检查学生学习任务完成情况，并指出不足及修改建议，对学生的学习表现进行评价，通过学生教学反馈总结教学的不足，制订工作改进计划。

续表

	评价类别	项目	子项目	个人评价	教师评价	组内互评
评价	专业能力（60%）	资讯（15%）	搜集信息查找资料(5%)			
			引导问题回答(10%)			
		计划实施（20%）	工作流程的正确性(2%)			
			方案设计科学性(3%)			
			实施操作正确性(10%)			
			知识的运用(5%)			
		检查（5%）	全面性、准确性(3%)			
			异常情况排除(2%)			
		结果（20%）	演示汇报(10%)			
			知识技能掌握(10%)			
	社会能力（20%）	团结协作（10%）	对小组的贡献(5%)			
			小组合作配合情况(5%)			
		敬业精神（10%）	吃苦耐劳精神(5%)			
			学习纪律性(5%)			
	方法能力（20%）	计划能力（10%）				
		决策能力（10%）				

	序号	检查项目	检查标准	学生自检	教师检查
检查	1	目标认知	工作目标明确，工作计划周密，具有可操作性		
	2	理论知识	基础理论知识的全面掌握		
	3	基本技能	能够运用基本的理论进行实践思考、分析、解决问题		
	4	学习能力	能在教师指导下，全面掌握相关知识和技能		
	5	工作态度	主动参与，积极完成工作任务		
	6	团队合作	积极与他人合作，共同完成任务		
	7	工具运用	熟练利用资料自学，利用网络进行资料查询		
	8	任务完成	保质保量完成任务		

续表

教学反馈	我对学习本工作过程的意见或建议		
组长签字		组　别	
教师签字		日　期	

参考文献

[1] 人力资源和社会保障部教材办公室. 旅游心理[M]. 北京:中国劳动社会保障出版社,2008.

[2] 陈定樑. 旅游服务心理素质与职业发展能力训练教程[M]. 杭州:浙江工商大学出版社,2011.

[3] 人力资源和社会保障部教材办公室. 旅游心理服务与技巧[M]. 北京:中国劳动社会保障出版社,2008.

[4] 汪红烨,王立新,杜红梅. 旅游心理学[M]. 上海:上海交通大学出版社,2011.

[5] 黄继元. 旅游心理学[M]. 重庆:重庆大学出版社,2003.

[6] 李一文. 旅游心理学[M]. 大连:大连理工大学出版社,2001.

[7] 别尔嘉耶夫. 自我认识——思想自传[M]. 雷永生,译. 南宁:广西师范大学出版社,2001.

[8] 雅文. 做自己的心理调节师[M]. 北京:中国华侨出版社,2013.

[9] 叶林菊. 心理素质的养成与能力训练[M]. 天津:南开大学出版社,2009.

[10] 郑军. 心理训练:成就一生的心灵加法[M]. 上海:华东师范大学出版社,2009.

[11] 王永福. 职业素质基础[M]. 北京:人民交通出版社,2010.

[12] 王胜会. 修炼自我,锻造卓越职业素质[M]. 北京:中国电力出版社,2012.

[13] 荣格. 荣格性格哲学[M]. 李德荣,编译. 北京:九州出版社,2003.

[14] 弗洛伊德. 梦的解析[M]. 夏光明,译. 合肥:安徽文艺出版社,2000.